Wolf A. Kogerer

Papa, erzähl' aus deiner Kindheit

Gutenachtgeschichten eines alleinerziehenden Vaters

© 2014 Wolf A. Kogerer
Herstellung und Verlag:
BoD – Books on Demand, Norderstedt
ISBN 978-3-7357-2393-2

Für Julia und Nina

Inhaltsverzeichnis

Prolog 8
Wohnverhältnisse und Umfeld 10
Annatant und Marietant 13
Annatant die Maschinenstrickerin 16
Marietant 19
Annatant und das Herzerln 21
Die Hose und die CARE-Pakete 23
CARE-Pakete, was war alles darin? 25
Annatant und der Sägespanofen 26
Annatant und der Most 28
Lourdes 30
Die Hundsnanni und der Hanslucki 32
Gemischte Menschen 34
Kriegsversehrte 36
Die Ache und der Mühlbach 38
Der Ami und der Blinker 40
Die Kaffeekränzchen 42
Dögl und der Brief 44
Die Jungschar 46
Die Rennbahn 48
Das neue Jugendheim 51
Wochenschauler raus! 53
Goisern 55
Film in der Schule 57
Der Herr Klassenlehrer 60
Kirtag 63
Reste der NS-Zeit 67
Dreschtag 70
Schönste Weihnachten 73
Die Gemischtwarenhandlung 75
Das Hendl am Lagerfeuer 77
Karls Großvater 79
Fernsehen 82
Die Straßenwalze 84
Der Heustadel 86
Holzschuhe 88

Evi	90
Dögls Turnunterricht	93
Schlachttag	96
Onkel Hans	98
Erstkommunion	100
Bei Gericht	102
Die Amerikaner	105
Der Neue	107
Die Ballfischer	109
Eierlikör und k.o.	111
Der kleine Scheich	114
Die Baracken	116
Die christliche Seefahrt	119
Virifoan	121
Der Graf von Monte Christo	123
Die Spedition	125
Die 'gute Butter'	127
Mein Schulweg	129
Tschick	131
Fritzi	133
Komm Herr Jesus...	135
Vorarlberg 1	137
Vorarlberg 2	141
Meine kindliche Wienerzeit	144
Im Saustall	152
Das Spielzeug	154
Schreibutensilien	156
Die Musketiere und die Heftchen	158
Der Hasenbraten	160
Die Amis ziehen ab!	162
Rache für Tarzan	165
Der Abschied	168

Prolog

Eines Abends waren die meisten Geschichten vorgelesen und erzählt und habe daher begonnen meinen Töchtern - die immer wieder perfekt den Einschlaftermin hinauszögerten und schier unersättlich weitere Geschichten forderten – aus Erlebnissen meiner Kindheit zu berichten.

Ich formte Geschichten, die ihren Schlaf möglichst nicht belasteten. Bei manchen Erzählungen ist es gelungen, bei einigen weniger, dennoch mochten sie sie.

Als Alleinerzieher Vater stehst du im Focus derer die mit Häme darauf warten, dass du Fehler machst, daher möchtest du noch weniger falsch machen als es zu zweit passieren kann. Du willst dass es den Kindern an nichts mangelt und begibst dich dadurch manchmal auf unbekanntes Terrain indem du zulässt, dass die Kinder mehr über dich erfahren als du eigentlich preisgeben solltest. Damit meine ich, dass es einiger Gewissenserforschung bedurfte ihnen von und über meine Erlebnisse und Gedanken die ich als Kind hatte, zu erzählen. Vor allem welche ich einfließen ließ, das galt es zu überlegen. Als Pazifist drücke ich mich ungern im Militärjargon aus, dieser aber trifft genau was ich meine.

Ich hatte Erziehungstechnisch gesehen wegen mancher Eingeständnisse in den Geschichten Bedenken, sozusagen von meiner eigenen Artillerie erschossen zu werden.

Zunächst etwas ratlos begann ich in verblaßten Erinnerungen zu kramen. Damals, als ich selbst noch Kind war hatte ich manchmal den Gedanken, dass in meinem Leben nichts aussergewöhnliches geschah und ich daher meinen Kindern später nie etwas aus meiner Kindheit erzählen kann. All die interessanten spannenden Geschichten aus gelesenen Kinderbüchern erlebte ich nicht. Nicht einmal in Ansätzen fanden die Abenteuer eines Don Bosco oder Inhalte der Kästnerbücher - die ich aus der Kirchenbibliothek lieh - statt, um nur zwei zu nennen.

Ich berichtete zunächst holprig von bedeutungslosen Beobachtungen und Erlebnissen. Bald jedoch formten sich die Geschichten wie von selbst und wurden zu einem festen Bestandteil meines Repertoires das von ihnen alsbald mit Stichworten abgefragt wurde. Erweiterte ich eine Geschichte bei Wiederholungen, oder ließ gar etwas weg, machten mich die beiden unerbittlich darauf aufmerksam.

Ich wuchs in einem kleinen Marktflecken im oberösterreichischen Innviertel, mit Unterbrechungen auch in Wien auf. In einem für Oberösterreich typischen Ortskern befand sich als markanter Punkt das Kriegerdenkmal beider Weltkriege. Auf der langen Liste der Gefallenen

Soldaten befand sich keiner meiner Verwandten. Die Marktgemeinde ist eine gewisse Zeit mein Lebensmittelpunkt gewesen. Ihr verdanke ich erste Eindrücke des Zusammenlebens verschiedener Volksgruppen und der Umgang mit- und untereinander in der unmittelbaren Nachkriegszeit als infolge des 2.Weltkrieges eine Art Völkerwanderung eingesetzt hatte. Markige Dinge passierten in meinem Umfeld nicht und doch... als ich anfing den Kindern aus meinen frühen Jahren zu erzählen fiel mir auf, dass ich Erlebnisse hatte die für sie aus einer fernen anderen Zeit stammten und für sie interessant waren. Ein wenig habe ich dadurch meine Kindheit plötzlich aus anderem Blickwinkel nacherlebt.

Mir wurde klar wie sehr meine Generation von den kriegerischen Vorfahren beeinflusst wurde und welche Bürde sie uns aufgeladen haben.

Meine Generation hat sich durch nicht gestellte Fragen Nestwärme erkauft, auch das wurde mir bewusst. Bald merkten wir Kinder der 1950er Jahre, dass es etwas gab woran die Eltern durch unsere Fragen nicht gerne erinnert wurden. Zudem hörte der mich gelehrte Geschichtsunterricht mit den Schüssen von Sarajewo auf. Über die danach folgenden dreißig Jahre Geschichte erfuhren wir – zumindest in der Schule – nichts.

Ich habe schöne Erinnerungen an diese Nachkriegzeit, aber auch schlechte oder gar üble wenn ich auf wenige unangenehme Zeitgenossen des Ortes näher eingehen würde. Ganz vermeiden lässt sich letzteres nicht, haben sie mich doch ebenfalls geprägt und geformt. Die Namen der Personen allerdings habe ich geändert, sie haben kein Denkmal - und sei es noch so unbedeutend – verdient.

Somit habe ich zusammengetragen woran ich mich gerne aber auch mit Unbehagen erinnere und was ich zwischen den Jahren 1947 bis 1957 in Österreich erlebt habe. Nicht als Anklage – selbst dann wenn es so scheint - will ich verstanden wissen was nachfolgend über die damalige Zeit steht, sondern als Berichte aus der Sicht eines Kindes das seinen Kindern den eigenen ehemaligen Mikrokosmos erläutern wollte.

Papa, erzähl' was aus deiner Kindheit!

Also...

Wohnverhältnisse und Umfeld

Wir zahlten damals 44 Schilling Miete für unsere 'Wohnung' die aus eineinhalb Zimmern und einem Fenster bestand das zum Gastgarten zeigte. Früher war es einmal ein Tanzboden. Ich erinnere mich noch gut, dass ich ein einziges Mal dabei war als dort getanzt wurde. Männer und Frauen wiegten sich im Takt zur Musik einer Kapelle die irgendwo im Hintergrund spielte. Die Pärchen bewegten sich starr, vorgeschrieben steif und mir schien tanzen eine ernste Angelegenheit zu sein. Keine Ahnung mehr wie alt ich war, ich schätze fünf oder sechs Jahre.

Einige Jahre nach dem Krieg hatte man als Wände Spanplatten aufgestellt und ihn in Räume unterteilt um Unterkunft für Menschen zu schaffen die vom Krieg über alle Länder verstreut wurden. So entstanden auf dem Tanzboden zwei Wohnungen. Links im kleinen Raum wohnten wir und im wesentlich größeren die Familie Baugartner mit Tante Luise und den Söhnen, Gerhard und Berti. Weder ihr Mann, den ich Onkel Bertl nannte, noch sie waren wirklich Tante oder Onkel. Das heißt wir waren nicht verwandt. Es war damals üblich, dass nähere Bekannte der Familie von den Kindern so bezeichnet werden durften. Meine Mutter war für deren Kinder Tante Hertha.

Die Toilette – ein Brett mit einem Loch darin - war über den Hof neben dem Misthaufen der in der Nähe der Stallungen aufgeschichtet war. Licht gab es in der einfachen Toilette nicht, aber ein Haken mit dem man sie von innen versperren konnte. Daher war für dringende Fälle während der Nacht in der winzigen Wohnküche ein mit wenig Wasser befüllter Eimer. Ich erinnere mich, dass meine kleine Schwester – sie war 3 oder 4 Jahre alt - eines Abends mit dem Po in den Eimer rutschte und feststeckte. Sie schrie und weinte weil sie sich selbst nicht helfen konnte bis meine Mutter sie aus der misslichen Lage befreite. Eigentlich müsste ich mich schämen, aber ich muss heute noch wie damals lachen wenn ich mir die Situation vor Augen führe.

Matratzen hatten wir nicht dafür aber Strohsäcke. Ein großer Grobleinensack in dessen Mitte sich ein länglicher Schlitz befand wurde im Heustadel mit Stroh gestopft und das sperrige plumpe Ding danach in die Wohnung geschleppt. Zunächst war es angenehm und sehr weich darauf zu liegen, aber mit der Zeit war das Stroh durchgelegen und wurde daher immer wieder aufgeschüttet bis man ihn nach gewisser Zeit mit neuem Stroh neu stopfte.

Weil die Räume nur durch filigrane Pressspannwände getrennt waren gab es nicht unbedingt eine Privatsphäre und so lebten wir mit den Baugartners sehr eng zusammen. Wenn Herr Baugartner seinen Sohn Gerhard verprügelte und laut auf ihn einschrie weil er wieder einmal etwas angestellt hatte, war man als Nebenbewohner immer involviert. Herr Baugartner war im Krieg Offizier bei der Waffen-SS gewesen und hatte – wie seine Frau, Tante Luise erzählt hatte – einen Granatsplitter im Kopf der nicht entfernt werden konnte. Damit entschuldigte sie seine gelegentlichen Entgleisungen.

Überhaupt wuchs ich mit der Normalität von Kriegsversehrten auf. Viele Männer hatten nur noch ein Bein und humpelten auf Krücken. Es gab Einarmige oder welche die keine Hände mehr hatten. An einen erinnere ich mich dessen Gesicht von Narben völlig entstellt war dass es zum fürchten aussah. Man hatte ihm auf das Gesicht Hautlappen verpflanzt die wulstig neben- und übereinander wucherten. Es sah grausig aus, aber er war ein freundlicher Herr der gezwungen war mit dem äußeren Makel zu leben. Vielleicht war er früher nicht so freundlich gewesen, ich weiß es nicht. Bei einem anderen waren die sichtbaren Hautteile durch Brandnarben entstellt. Seine Nase war fast nicht mehr erkennbar. Nur die beiden Nasenlöcher dunkle Punkte flach im Gesicht und er hatte nur noch ein Auge ohne Wimpern und Brauen ähnlich dem bedauernswerten verbrannten Lehrer Lämpel bei Wilhelm Busch.

Weil dies mein Umfeld war habe ich es als Normal empfunden, dass Menschen durch den Krieg behindert oder entstellt waren. Normal deshalb weil ich die Männer zuvor nicht unversehrt gesehen haben konnte und damals noch nicht mehr über einen Krieg wusste, ausser dass es einen gegeben hatte. Krieg hätte auch Zirkus oder Pestepidemie sein können. Ich hatte keinerlei bewertendes Wissen über diesen Zustand. Ich sah das Ergebnis, nicht das Grauen, fühlte keine Ohnmacht gegenüber der Macht. Hätten Männer Kleider getragen und Frauen sich vermummt, wäre auch das für mich normal gewesen. Was ich sagen will ist, dass du nicht bestimmen kannst wohin und in welche Zeit du geboren wirst.

Dass Einheimische und Zuagroaste sich irgendwie miteinander arrangierten wurde mir bald klar, wenn selten aber doch z. B. einer der Zuagroasten eine Liaison mit einer Einheimischen einging. Da wurde getuschelt und wie man das nannte 'ausgerichtet' wenn über die zwei hinter vorgehaltener Hand getratscht wurde.

Fremdenfeindlichkeit gab es in gewisser Weise schon. Man schien sich nur schwer mit all den durch die Kriegswirren angespülten Fremden arrangieren zu wollen. Aber die Fremdenfeindlichkeit war nicht heimtückisch oder gar gewaltbereit. Die Volksgruppen blieben ganz einfach unter sich. Die Österreicher und Einheimischen waren die Einen als 'Dasige' und die Zuagroasten die Anderen. Über die verstohlen und offen gelebten Seilschaften aus dem Krieg gab es jedoch Verbindungen zumindest unter den deutsch sprechenden der beiden Lager.

Dass wir Kinder oder unsere Eltern durch ausgelöste kleinere oder größere Konflikte mit den Einheimischen oft als 'Gesindel' bezeichnet wurden war üblich und löste bei meinen Eltern, wenn ich darüber berichtete wissendes Nicken aus.

Als Kind kam man auch manchmal durch Schulkameraden in die Häuser der Einheimischen und durfte während man auf den Schulkameraden wartete ihnen beim Essen zusehen. So bekam ich einen Eindruck wie es bei ihnen zuging. Manche meiner Mitschüler war rein bäuerlich und wenn gegessen wurde aßen alle aus einer Terrine die in der Mitte des Tisches stand. Zuvor entnahm jeder der ein Anrecht zur Mahlzeit hatte seinen Löffel aus der Tischschublade und begann nach einem unverständlich geleierten Gebet mit der Mahlzeit. Abzuwaschendes Geschirr zu produzieren war in bäuerlichen Haushalten aus Zeitersparnisgründen nicht gewünscht.

Bei anderen Schulfreunden ging es bürgerlicher zu. Die Essenden benutzten eigene Bestecke. Eingeladen mitzuessen wurde ich auch dort selten.

Es war die Zeit des Umbruchs. Nichts schien für alle Zeit festgeschrieben. Viele der Zuagroasten wollten aus der einengenden Zweckidylle des Innviertels weg um ihr Leben an anderen Orten neu zu gestalten. Arbeit gab es kaum und darum verdingten sich die 'Ernährer' auf besser bezahlten Montagen oder sonstigen Tätigkeiten irgendwo weit weg von ihren Familien.

Annatant und Marietant

Zwar war ich nicht mit den beiden alten Damen verwandt, aber über den Kontakt meines Großvaters, der schon vor dem 2. Weltkrieg bei ihnen zur Sommerfrische wohnte, waren über viele Jahre fast familiäre Bande entstanden. Das war soweit entwickelt, dass ich lange Zeit der festen Überzeugung war die zwei gehörten zu meiner Familie. Folglich nannte ich die beiden Schwestern Marietant und Annatant. Letztere – die jüngere - wurde meine Taufpatin. Zu ihr hatte ich eine starke innere Bindung. Als ich eines Tages zur Kenntnis nehmen musste, dass die Schwestern nicht mit mir verwandt waren war ich darüber sehr traurig.

Sie waren Töchter eines Müllers nicht weit weg von Altheim und als dieser starb hatte der älteste Bruder ihnen, als sogenannten 'Austrag' - wie man das nannte, also als Erbteil - die Villa in der sie lebten, erbaut und eingerichtet.

Beide haben nie geheiratet und blieben zeitlebens gottesfürchtig ergeben ohne die geringste Spur eines Lebenspartners. Böse Zungen im kleinen Ort benannten sie respektlos hinter ihrem Rücken 'Betschwestern'.

Die schmucke Villa bot den beiden Frauen ausreichend Platz und so begannen sie bald nach deren Fertigstellung Zimmer an Sommerfrischler zu vermieten. Eines Tages mietete sich mein Großvater bei ihnen ein und es schien ihm so sehr gefallen zu haben, dass er es auch in den folgenden Jahren tat.

Beide Damen sprachen, wenn sie meinen Großvater erwähnten, stets ehrfürchtig vom Herrn Professor aus Wien.

In der unmittelbaren Nachkriegszeit sorgte er dann dafür, dass sein Enkel, also ich, aus dem wirren Wien jener Tage zu bester Luft und ausreichender Ernährung auf das Land kam. Meine Mutter wurde mit mir und meiner älteren Schwester Renate auf sein Geheiß bei den Hagerschwestern in seinem Sommerfrischequartier untergebracht. Mein Vater war damals noch in amerikanischer Kriegsgefangenschaft und blieb es noch eine bestimmte Zeit. Als er irgendwann aus dieser entlassen worden war zog er dennoch nicht bei uns ein. Meine Eltern – erfuhr ich beiläufig – hatten sich getrennt und ließen sich scheiden. Für die beiden erzkatholischen Schwestern ein undenkbares Ergebnis einer Ehe, selbst wenn sie per Ferntrauung und im Krieg zustande gekommen war. So erfuhr ich von ihnen die geballte Mitleidigkeit für einen vaterlosen Buben.

Alsbald wurde ich der Liebling der beiden. Die Strenge Marietants glich die gütige Annatant stets aus. Mir ging es gut. Vor allem zu der Zeit als meine Mutter sich einem neuen Lebenspartner zuwandte der später mein Stiefvater wurde, denn da wohnte ich lange Zeit und hauptsächlich bei den beiden Tanten.

Je mehr man mich wegen meiner Nähe und Beziehung zu den beiden alten Frauen hänselte, desto mehr stand ich zu ihnen.

Maiandacht, am Sonntag Kindermesse, Rosenkranz so wie beten vor und nach dem Essen, war Pflicht der ich mich nicht ungern unterwarf.

Wenn ich Pfarrer werden wolle, sie würden mir alles, auch bis hin zur Primiz finanzieren drängten die beiden oft. Eine zeitlang überlegte ich tatsächlich, ob ich ihrem sanften drängen nachgeben sollte. Meine Ambitionen waren aber nicht besonders ernsthaft und so bin ich kein Pfarrer geworden. Gottseidank für alle jemals an meinem Leben beteiligten, oder umgekehrt, ganz wie man möchte.

Hunger oder Kälte kannte ich in ihrer Gegenwart und Präsenz nicht. Sie waren fest verwurzelt und für mich wie Felsen in der Brandung. Ganz im Gegensatz zur Verunsicherung in der neuen Familie die meine Mutter mit ihrem Lebensgefährten gründete. Mein Stiefvater ist in Summe gesehen ganz sicher der beste Vater für mich geworden der mich nie spüren ließ, dass ich nicht sein Sohn war. Aber... ich wusste... er war halt nicht mein Vater den ich sosehr sehnte. Bei einem richtigen Vater kannst du aus der Sicherheit des Wissens um seine Verantwortung für dich Selbstverständliches fordern, bei einem Stiefvater war das schwieriger, zumal ich in meinem Innersten fühlte, dass der Bogen seiner Geduld nicht überspannt werden durfte.

Ich scheute mich zu fragen ob er mit mir etwas unternehmen wolle und sei es nur spielen. So habe ich nie herausgefunden ob er dazu bereit gewesen wäre wenn ich ihn gefragt hätte.

Anders die beiden Tanten. Hier tat ich mir überhaupt nicht schwer sie um etwas zu bitten. Naja, meine Wünsche waren ja nicht besonders anspruchsvoll, eher lächerlich klein. Wir haben gemeinsam Karten- oder Brettspiele gespielt uns geneckt und die beiden blieben geduldig wie Lastesel. Gäbe es einen Preis für menschliche Zuwendung, die beiden hätten ihn – was ihre Fürsorge für mich betrifft - verdient gehabt.

In der gläsernen Veranda, einem Wintergarten, stand das Jahr über mit einem grauen Tuch abgedeckt zwischen all den Topfpflanzen eine großflächige Krippe mit niedlichen handgeschnitzten Figuren die verschiedene Szenen der Herbergssuche darstellten. Manche von ihnen waren sogar beweglich. Ein Ziehbrunnen etwa mit einem Faden als Tau an dem ein winziger Holzeimer hing oder Römer deren bewegliche Arme mit fragilen Schwertern zu heimlichen Kampfspielen lockten. Schafe, Lämmer, Kühe. Gestalten aus der Weihnachtsgeschichte samt glitzerndem Kometen. Einmal im Jahr, zur Adventszeit wurde das graue Tuch abgezogen und die Krippe entstaubt um nach dem Fest wieder von ihm bedeckt zu werden. Manche der Figuren hatten – weil ich oft heimlich und voller Fantasie mit ihnen spielte - das Jahr über ein wenig gelitten. Das wurde dann offenbar wenn die Krippe festunterstützend ihrer Bestimmung zugeführt wurde und im Kerzenschein des Weihnachtsbaumes einen eigentümlichen geheimnisvollen Glanz entwickelte. Die Figuren warfen kleine Schatten wenn Kerzen darin platziert wurden. Getadelt oder gar bestraft wurde ich wegen meiner kleinen Zerstörungen am filigranen Kunstwerk dennoch nicht.

Auch erinnere ich mich noch gut an all die Schmankerl und Leckereien die die beiden mir oft angedeihen ließen. Marietant, die ja gelernte Köchin war, bewunderte ich ob ihrer Souveränität am und um den Herd. Alles ging so flink von ihrer Hand und war wenig später ein köstliches Gericht.

Annatant verdingte sich manchmal zwar als Pfarrersköchin, war nur weniger geschickt als ihre Schwester, aber auch ihre Zubereitungen habe ich gerne vertilgt.

Wahrscheinlich verkläre ich die Beiden heute. Warum auch nicht, die Zeit mit ihnen hat mir gutgetan.

Annatant die Maschinenstrickerin

Annatant war von Beruf Maschinenstrickerin. Gelegentlich, wenn sie gebraucht wurde, half sie auch als Pfarrersköchin aus.

Sie produzierte hauptsächlich Strümpfe aber auch hin und wieder Socken oder Stutzen. Die Maschinen die sie benutzte waren schwere Gusseiserne Gestelle die aussahen wie ein sehr dicker schwarzer Kochtopf ohne Boden oder auch wie ein gekürztes Kanonenrohr könnte als Beschreibung des Aussehens dienen. Am oberen Rand waren unendlich viele runde Metallösen mit einer Schnappöffnung aufgesteckt in denen der Zwirn oder die Wolle durchlief. Die Maschine wurde ähnlich wie ein Fleischwolf mit Klammern am Tisch befestigt. Seitlich war eine Kurbel die den innen rundlaufenden Schlitten antrieb der an den Ösen vorbeiratterte und so den Strumpf strickte. Der Strumpf wurde an der Strumpfspitze von einem flachen Gewicht das einen kleinen Haken hatte, – also dort wo später die Zehen sind – dort wurde es eingehängt und dadurch stetig nach unten gezogen. Natürlich durfte ich manchmal die Kurbel betätigen. Aber leider nie lange, denn die Waden und Oberschenkel eines Beins sind umfangreicher als die anderen Beinteile. Also nahm Annatant nach wenigen Umdrehungen des Schlittens Maschen ab oder gab welche zu damit der Strumpf schmaler oder breiter wurde. Wieder einige Drehungen, Masche ab und so weiter. Interessant für mich war wie der Strumpf allmählich länger wurde und Gestalt annahm. Ich war wohl an der Entstehung so manchen Strumpfes beteiligt auch meiner eigenen.

Auf dem Land war es damals nicht ungewöhnlich auch zur Winterzeit kurze Lederhosen zu tragen. Eine lange Lederhose besaß ich nicht, aber meine kurze. Damit die Beine der Kälte nicht ausgesetzt wurden trugen auch die Buben im Winter Wollstrümpfe die man unter der Hose an einem Gürtel oder wenn die Lederhose eine bessere war, innen in ihr befestigen konnte. Meine war eine preiswertere Version und hatte diese Vorrichtung nicht. Ergo musste ich bis zum Beginn der Barfusszeit einen Strumpfgürtel tragen. Ich genierte mich deswegen obgleich es niemand sah wenn man es geschickt verbarg. So sehnte ich jedes Jahr den Frühling herbei der zuließ, dass man als Übergang Stutzen benutzen konnte und wenige Wochen später den Sommer hindurch ganz auf Schuhe verzichtete. Nach kurzer Zeit hatten die Fußsohlen dann jene Widerstandskraft kleine Steinchen nicht mehr in dem Maß zu spüren wie in den ersten Tagen des Barfuß gehens.

Annatant verbrachte viel ihrer Zeit in der Kirche. Maiandacht, Hochamt am Sonntag und oft auch die Messe danach und fast jeden Tag Rosenkranz in der Kirche der wie eine Litanei heruntergeratscht wird. Damit wuchs ich auf und fand daran nichts ungewöhnlich.

Männer kannte sie nicht und ich vermute heute, dass sie nie verliebt oder sowas war. Für Kinder sind die wichtigen Bezugspersonen ohnehin geschlechtslos und so habe ich mir damals darüber keine Gedanken gemacht. Obgleich mich schon gewundert hat, dass ich niemandem erzählen durfte, dass ich der siebenjährige häufig in ihrem Doppelbett schlief.

Man muss sich das vorstellen. Ein für damalige Verhältnisse vollkommen eingerichtetes Schlafzimmer. Ein wuchtiger weisser Kleiderschrank, ein oder zwei Kommoden, Psyche, wolkige Gardinen und Vorhänge, Teppiche. Heiligenbildszene über dem Kopfende des Doppelbettes.

Das Schlafzimmer vorbereitet für ein Paar jedoch zeitlebens stets allein genutzt. Meine gelegentliche Anwesenheit zählte in diesem Sinne schließlich nicht. Auf der Tagesdecke, vermutlich aus Plüsch, saß eine Porzellanpuppe mit weit geöffneten Armen im gerafftem dunkelrotem Rüschenkleid. Dicke Daunenpolster und Decken in die man Sommer wie Winter tief versank. Nachdem die Puppe auf den Hocker platziert wurde, die Tagesdecke zusammengefaltet war, verlief alles nach Plan.

Zuerst löste sie den Dutt ihres geflochtenen grauen Haares das dann bis zur Hüfte reichte, nahm die Zähne aus dem Mund die sie in ein Glas am Marmorgetäfelten Nachttisch plumpsen ließ, warf über ihr Unterkleid ein weites großes Nachthemd, furzte ungeniert und sagte danach mit stets gleich verschmitztem Gesicht

„wenns Oascherl brummt ists Herzerl gsund". Unter dem Bett stand immer der Nachttopf, aber benutzt wurde er meines Wissens nie. Er gehörte in ihrer Zeit zur Ausstattung eines Schlafzimmers.

Ein für mich völlig anderer Mensch stieg dann ins Bett. Die Haare waren – weil aufgelöst - anders als am Tag. Das Gesicht einer alten Frau das starke Ähnlichkeit mit Annatant aufwies. Ihr Mund ohne Zähne war eingefallen und wenn sie sprach schien es als habe sie einen Blasebalg im Mund der Falten hatte wie ein Wurstzipfel. Auch ihre Worte waren dann kaum verständlich. Es war ein Ritual. Sie faltete die Hände zum Nachtgebet und für mich war es keine Frage mitzubeten. Danach machte sie mit befeuchteten Fingern aus dem Weihwasserkessel über dem Nachtkästchen ein Kreuz auf meiner Stirn. Erst dann wünschte sie mir eine gute Nacht und schnarchte bald als sägte sie einen Wald.

„Bua, sog ned, dass'd in mein Bett schlofst, d'Leid kunnt'n sunst wos denkn" was auch immer die Leute sich denken mochten ließ Annatant - die sicher nicht weiter als daran was die Leute denken könnten dachte – ließ sie ängstlich einen Schein wahren dessen Sinn mir verborgen blieb. Ob sie eine Ahnung davon hatte ob und wie die Leute an einen unmöglichen Hintergrund dachten war bestimmt von ihrer Erziehung. Sie kannte solche Gedanken vermutlich, aber mit mir als 7jährigen war das auch in der wildesten Phantasie abstrus und in ihrer erst recht. Es war halt vermutlich nicht schicklich und das machte den moralischen Aspekt aus der sie zu dieser Aussage bewog.

Manchmal sah ich ihr im Dämmerlicht beim schlafen zu und wusste wie beschützt ich durch sie war. Das war ein schönes Gefühl. Nicht nur deshalb weil sie ihre Position als Taufpatin die den Täufling in das Leben begleitet sehr genau wahrnahm. Sondern auch weil sie mir Zugehörigkeit vermittelte und ich spüren konnte wie sehr sie mich mochte. Dafür danke ich ihr noch heute, wenngleich sie manches nicht verhindern konnte das ich selbst verschuldet habe und sie niemals geahnt hätte.

Annatant hatte viele Aufträge für Strümpfe in allen möglichen Farben und Wollstärken. Sie selbst – das weiß ich genau – trug ihre Strümpfe mit einem schmucklosen Strumpfband. Als in den 50ern Nylonstrümpfe modern wurden ging auch ihre Ära als Maschinenstrickerin allmählich zu Ende.

Marietant

Marietant, zwei oder drei Jahre älter als ihre Schwester war gelernte Köchin und weit in der Welt herum gekommen. Sie hatte in vielen bekannten Restaurants und Hotels gekocht, überall, sei sie schon gewesen sagten die Leute. Als sie älter wurde verdingte sie sich als Hochzeitsköchin oder wenn ein Gasthaus Kirtag hatte dann auch dort. Ich bewunderte an ihr die Souveränität mit der sie sich den Herd und die zu verarbeitenden Produkte untertan machte und mit erlebter Leichtigkeit köstliche Gerichte zubereitete. Sie arbeitete flink und jeder ihrer Handgriffe ließ keine andere Deutung zu als das Erreichen des Zieles schmackhafte Gerichte zu produzieren. Ich liebte die bodenständige Küche die ich bis dahin von ihr kannte und weitere die ich durch sie noch kennenlernte und ahne, dass vieles was sie an Köstlichkeiten noch zuzubereiten imstande war meinen Gaumen leider nicht erreicht hat.

Vom Gemüt her war sie die strengere der beiden Schwestern, akkurat und weniger kompromissbereit, dennoch spürte ich, dass sie mich sehr mochte. Es kam auch vor, dass sie mich vor Annatant in Schutz nahm indem sie beruhigend wirkend einschritt wenn ich letztere wieder einmal, wie häufig, über Gebühr ausgereizt hatte.

An eine Geschichte mit Marietant erinnere ich mich mit gemischten Gefühlen. Deshalb nämlich, weil ich aus Respekt zu ihr eigentlich nicht darüber lachen sollte, es mir aber beim erzählen schwer fällt dabei ernst zu bleiben.

Ein WC gab es damals noch nicht – zumindest nicht im Haus der beiden Schwestern – aber ein Plumpsklo im Erdgeschoss des Hauses. Auf dem Land bereits ein Fortschritt wenn ein Klo sich im Haus befand. Viele Menschen mussten damals um die Örtlichkeit mit dem obligaten Herzausschnitt aufzusuchen oft noch bei jeder Witterung ins Freie um zum kleinen Spezialhäuschen zu gelangen.
Aus Ersparnisgründen waren gerissene Zeitungspapierstücke zum Gebrauch neben der Öffnung mit dem Knopfdeckel gelegt. Daher befand sich in der Nähe der Toilette nahe des Hauses im Garten eine Jauchegrube die mit über die Jahre verwitterten Brettern abgedeckt war. Nicht weit davon gab es einen Ziehbrunnen der für die Gartenbewässerung genutzt wurde. Mir fällt dieses Detail eigentlich erst jetzt auf. Vermutlich hatte die Senkgrube keine direkte oder indirekte Verbindung zum Brunnen, aber genau weiß ich das nicht.

Eines Tages – Marietant begoss mit der großen Blechgießkanne das angebaute Gemüse. Wieder und wieder befüllte sie die Gießkanne und trat, als sie erneut Wasser geholt hatte, um den Weg zum Beet abzukürzen auf eines dieser Bretter. Ihr Gewicht plus das der vollen Gießkanne war für das alte Brett zuviel. Es gab krachend nach, brach und weil sie das Gleichgewicht verlor, barsten – als sie daraufstürzte - auch noch andere Bretter. Sie klatschte einen erstaunten spitzen Schrei ausstoßend zur Gänze in die Jauchegrube in die sie kurz versank aber gleich wieder obenauf war. Wasser allein macht ein anderes Geräusch wenn jemand hinein fällt. Es patschte satt, klang als sein ein mit Wasser gefüllter Luftballon auf den Boden gefallen. Zunächst begriff ich nicht was geschehen war und dass sie meiner Hilfe bedurfte. Sie ruderte wild mit den Armen, versuchte irgendwo Halt zu bekommen Es sah komisch aus und... unappetitlich weil auf ihren nassen Haaren wie ein gewollt plazierter Hut ein Zeitungsausschnitt klebte. Eigentlich hätte ich lieber gelacht, ahnte aber, dass dieser Moment ganz sicher der falsche Zeitpunkt für Heiterkeit war.

Als sie nach Luft japsend keuchend mit den Händen verzweifelt den Rand fassen wollend mich aufforderte ihr zu helfen sie aus dieser misslichen Lage zu befreien, wurde mir klar, dass nur *ich* ihr in diesem Moment beistehen konnte. Nachbarn zu holen, dafür war keine Zeit. Nachzudenken ob sie schwimmen konnte, oder ob das in der Grube überhaupt möglich war wenn sie schwimmen gekonnt hätte, dafür war auch keine Zeit. Ich war überfordert und tat dennoch vermutlich das einzig richtige. Ich legte mein neues Fahrrad quer über die Grube damit sie sich wenigstens am Rahmen festhalten konnte und sah mich nach der Leiter um die hinten am Schuppen liegen musste. Irgendwie schaffte sie es den Rahmen zu fassen und mit vieler Mühe aus der Grube zu klettern. Die schwerfällige und beleibte alte Dame erklomm den Senkgrubenrand und schob sich schweratmend auf die Wiese. Von Ekel geschüttelt hatte ich nur so getan als bemühe ich mich ihr zu helfen, vermied aber jede Berührung mit der an ihrem Kleid befindlichen stinkenden dunkelbraunen Paste. Sie schaffte es auch ohne meine nicht sehr tatkräftige Hilfe ans rettende Ufer.

Schwer atmend schleppte sie sich unter den Ziehbrunnen

„Pump!" schnaufte sie immer und immer wieder. „Pump!" dabei streifte sie ihre Hände über Haar, Nacken und Kleid. Und ich pumpte Wasser bis ich vor Erschöpfung nicht mehr konnte.

Sie kauerte, völlig durchnässt unter dem Brunnen. Die sonst stark wirkende alte Dame glich dem sprichwörtlichen Häufchen Elend. Die stets hochgesteckten Haare hingen wirr und angeklatscht herunter. Mühsam rappelte sie sich auf und hielt sich asthmatisch keuchend am Brunnen fest.

„des sogst niemand!" presste sie streng heraus und watschelte triefnass zum Haus. Sie drehte sich noch einmal kurz um, hob drohend den Zeigefinger und zischte „...nie und niemand, hast verstanden!"

Bis heute habe ich ihrem Wunsch entsprochen und die Geschichte nicht erzählt.

Annatant und das Herzerln

War Annatants Tagwerk getan kam gelegentlich die Zeit der Spiele. Überwiegend Brettspiele zu anderen, ausser Herzerln, war sie nicht zu bewegen. Spiele mit ihr waren etwas besonderes. Manchmal spielten wir Halma. Halma war eindeutig ihr Lieblingsspiel und ich fand es gemein wenn sie mich auslachte weil ich einen Zug übersah und sie gegen mich gewann. Ihr sonst sanftes Wesen konnte dabei eine gewisse Schadenfreude nicht verheimlichen. Sie genoss es zu gewinnen, auch gegen mich.

Wir spielten aber auch das von mir nicht sehr geschätzte 'Mensch ärgere dich nicht' Ich konnte mich nämlich wirklich ärgern wenn ich hinausflog. Unvergessen ihre listig glänzenden Augen, wenn sie mich vor dem 'Türl'- wie sie immer sagte - hinauswarf und ich zähneknirschend von vorne beginnen musste. Sie konnte sich nicht verkneifen zu hänseln
„da fangt er von vorne an da Bua, oama Bua, so a weida Weg zum Türl!" ihr hämisches Bedauern machte mich wütend. Je zorniger ich wurde desto mehr spitze Bemerkungen kamen von ihr. Kann man als Kind einen Erwachsenen hassen? Ich weiß es nicht, aber in diesen Momenten mochte ich sie gar nicht. Eigentlich war ich immer dann dankbar wenn dieses Spiel mit ihrer beissendem Spottbemerkung „des muaßt oba beichtn, dassd soooo zornig woast!" wieder in der Schachtel verschwand.

Und wir spielten Herzerln - um Geld!
Annatant hatte in einer fast schwarzen schmucklosen Bakelitdose über viele Jahre Groschenstücke gesammelt. Die wurden vor dem Spiel gerecht aufgeteilt und danach – wenn wir festgestellt hatten wer gewonnen hatte, also wer die meisten Groschen ergattern konnte - wieder in ihr verstaut. Letztlich ging es um Nichts.
Eines Nachmittags, wir waren mitten im Spiel, verdunkelte sich der Himmel, schwere Wolken zogen auf und Annatant machte Licht, ungewöhnlich für einen Sommertag. Da zuckte plötzlich ein greller Blitz dem wenig später ein gewaltiger Donner folgte. Es braute sich ein Gewitter zusammen. Als kurz darauf wieder ein Blitz und noch schneller als zuvor ein weiterer Donner ertönte wirkte sie plötzlich nervös. Nein, sie hatte keine Angst und wenn, dann keine von dieser Welt. Das Gewitter schien näher zu kommen. Immer öfter Blitze und in immer kürzeren Abständen lauter werdende krachende Donner. Kein Zweifel, das Gewitter kam immer näher.
Sie schüttelte leicht ihren ergrauten Kopf und meinte, dass um Geld zu spielen Gottlos sei. Mein Einwand es wäre ja nur immer das gleiche Geld um das wir spielten, also Spielgeld, das überzeugte sie nicht. Ein weiterer Blitz und Donner veranlasste sie zu dem Ausspruch

„Wir müssen aufhören, der Himmelvater schimpft!" Dem hatte ich schon wegen ihres fest verwurzelten und ständig zu Schau gestellten Glaubens nichts entgegen zu setzen und so verstauten wir eilig die Groschen und Karten in der Kredenz.

Das Gewitter hatte uns erreicht. Der offensichtlich erzürnte Himmel entlud Wolkenergüsse über der Landschaft und dicke Tropfen prasselten an die Fensterscheiben. Das Licht wurde vorsichtshalber gelöscht, es könnte ja der Blitz einschlagen, die Sicherung beschädigen und weiß Gott was noch alles passieren könnte... Nichteingestandenes Bangen vor der Naturgewalt eines starken Gewitters saßen wir unschuldig und respektvoll im halbdunkel des Zimmers und erwarteten das Ende des himmlischen Strafgerichts. Schwächer werdende Blitze tauchten gelegentlich das Zimmer immer wieder in kurzes unwirklich grelles Licht.

Das Gewitter zog ohne erkennbaren Schaden zu verursachen weiter, es wurde allmählich wieder heller, auch der Regen wurde schwächer. Nur aus der Ferne grollte ab und zu noch dumpfer Donner und vereinzelt ließen immer heller werdende Wolken wieder Sonnenstrahlen zu.

Meine vorsichtige Frage dass wir ja weiterspielen könnten, jetzt wo es vorbei sei, beantwortete Annatant nicht, ging schweigend zum neben der Türe hängenden Weihwasserbehälter, tauchte die Finger ein und zeichnete mir ein feuchtes Kreuz auf die Stirn. Ich vermute das geschah aus Dankbarkeit wieder einmal verschont geblieben zu sein.

Abgehakt, Gott schien auf unerklärliche Weise also gegen das Herzerln zu sein indem er mit einem Gewitter grollte.

Gutgestimmt schien er jedoch, wenn wir Herzerln spielten und keine Wetterfront von seinem Zorn kündete. Ich habe Gott schon damals nicht verstanden.

Die Hose und die CARE-Pakete

Eine meiner frühesten Erinnerungen - da war ich vermutlich etwa 2 bis 3 Jahre alt - ist, dass ich mit Annatant auf der Strasse zum Kindergarten unterwegs war.

Es war ein Sommermorgen, es nieselte leicht und sie schob ihr Fahrrad das eine große Karbidlampe am Lenker hatte neben uns her. Kurz zuvor war vermutlich eine Herde mit Gänsen über die Strasse getrieben worden, denn überall wo wir gingen war die nasse Strasse voller Gänsekot.

Der Kot verschmierte sich auf dem glatten Teer zu einer dunkelgrünen Brühe die sich durch viele Tropfen aufgeweicht ausbreitete. Es war nicht leicht für Annatant mit mir an der einen Hand und in der anderen das Fahrrad schiebend diesen breiigen Klecksen auszuweichen.

Ich war mit einer kurzen Hose bekleidet an deren Rückseite mehrere Knöpfe befestigt waren. Eigentlich mit der Knopftechnik einer Lederhose, jedoch nicht vorne geknöpft, sondern hinten. Ich hatte mich zunächst standhaft geweigert die neue Stoffhose anzuziehen weil ich sie blöd fand.

Meiner Erinnerung nach trugen die hinteren Knöpfe zum vereinfachten öffnen und schließen bei, wenn ein 'Geschäft' erledigt werden sollte ohne die Hose ausziehen zu müssen. Windeln hatte ich wohl keine mehr, aber wie das letztlich mit der hinteren Klappe funktionierte ist mir entfallen.

Wenige Jahre später sah ich in geborgten Micky-Mouse Heftchen diese Art von Bekleidung an gezeichneten Kleinkinderfiguren, erkannte sie wieder und erfuhr auf diese Weise, dass meine damalige Hose offensichtlich aus einem CARE-Paket amerikanischen Ursprungs gestammt haben musste.

Überhaupt erinnere ich mich an diese CARE-Pakete. Wir bekamen sie in scheinbar unregelmäßigen Abständen aus dem Kindergarten der damals als Verteilerstelle diente.

Neben allerlei Lebensmitteldosen mit Fleisch, Zucker, Kondensmilch, Keksen und Haferflocken und manchmal sogar Zigaretten war in ihnen vereinzelt auch Bekleidung für Kinder. Ich weiß noch, es gab in einer Dose einen fast orangefarbenen harten Käse der mir sehr schmeckte und schnell mein Favorit war. Ich freute mich auf ihn wenn es wieder ein CARE-Paket gab. Irgendwann gab es keine CARE-Pakete mehr. Das Land schien wieder in der Lage die Bevölkerung selbst zu versorgen.

Aber an die Hose erinnere ich mich noch gut und auch an diesen Tag an dem ich sie tragen musste.

Zwar war es Gänsekot, aber wenn ich mit dem Fuß daraufpatschte erzeugte das ein sattes Geräusch und ich hatte unbändige Freude daran den schlammigen Gatsch zu verteilen. Schon einige Male hatte Annatant mich aufgefordert das zu unterlassen. Ich hörte wohl nicht auf sie und hatte sie mit meinen Bemühungen allmählich in Rage versetzt, denn sie tat etwas das sie danach nie wieder machte. Sie legte hastig das Fahrrad achtlos hin, gab mir schimpfend einen festen Klaps auf den Allerwertesten und schrie im gleichen Augenblick als die Hand traf, laut auf. Sie umfasste mit der anderen die strafende Hand. Ihr Gesicht war schmerzverzerrt. Sie tanzte nicht, aber es sah einen Augenblick lang so aus als sie von einem Bein auf das andere trat. Offensichtlich hatte ihre Hand die Knöpfe an der neuen Hose getroffen und das tat weh. Katholisch schimpfend rief sie: „leck mich im Krakau, tuat des weh!", hob nach einer Weile das Rad wieder auf, würdigte mich zunächst keines Blickes mehr und brachte mich zum Kindergarten. Möglicherweise dachte sie sogar darüber nach, dass ihr allgegenwärtiger Gott schützend seine Hand über mich gehalten haben mochte als der Zorn sie übermannte.

Sie lieferte mich schweigend im Kindergarten ab, wich wie beleidigt meinem Blick aus und stieg auf ihr Fahrrad. Aber lange böse war sie mir nie.

Wenn sie sich über irgendwas ärgerte war eine ihrer bevorzugten abstrakten Spontanäußerungen ‚leck mich im Krakau'. Bis heute habe ich nur eine vage Ahnung was sie damit gemeint haben könnte...

Vermutlich haben sich diese Hosen in Österreich deshalb nicht durchgesetzt weil hier Erwachsene ungeahndet zu gerne Kinderpopos versohlen. Die hinteren Knöpfe könnte man daher auch als Vorkehrung von Misshandlungen interpretieren. Vermutlich aber sind sie nur zufällig Schutz vor Züchtigungen gewesen.

CARE-Pakete, was war alles darin?

Die CARE Lebensmittel-Pakete enthielten 35.000 Kalorien. Das bis zu 22 Kilo schwere Paket sollte eine fünfköpfige Familie mit täglich 500 Kalorien zusätzlich versorgen.

Die ersten CARE-Pakete waren so genannte Ten-in-One-Rationen aus Beständen der US-Armee. Ursprünglich dafür gedacht, während des Zweiten Weltkrieges jeweils zehn Soldaten mit einer Mahlzeit zu versorgen, so enthielt jedes Paket:
4,1 Kilo Fleisch und Innereien
2,7 Kilo Cornflakes, Haferflocken und Kekse
1,4 Kilo Obst und Pudding
0,9 Kilo Gemüse
1,4 Kilo Zucker
0,5 Kilo Kakao-, Kaffee- und anderes Getränkepulver
0,4 Kilo kondensierte Milch
0,2 Kilo Butter
0,2 Kilo Käse
Seife & Papierhandtücher
eine Packung Zigaretten
etwas Kaugummi

Im März 1947 wurden die Pakete durch Honig, Schokolade, Dörrobst, pulverisierte Eier und vieles mehr ergänzt, ab April wurden auch CARE Decken, Baumwoll- und Wollstoff-Pakete verteilt. Ab August gab es schließlich eigene CARE Säuglings- und Kleinkinder-Pakete sowie Pakete mit koscherem Essen.

Annatant und der Sägespanofen

Im Wohnzimmer meiner 'Tanten' befand sich ein runder schwarzer Ofen der mit Sägespänen beheizt wurde. Hin und wieder war es meine Aufgabe die Späne nachzufüllen. Man musste die hohe schwarze Blechtonne aus dem abgekühlten Ofen heben. Sie war groß und breit, aber nicht allzu schwer. In der Mitte befand sich ein langes schmales Rohr, ähnlich einer Guglhupfform aber ohne Wellen zylindrisch und glatt. Um das innere Rohr herum füllte man die feinen Sägespäne. Damit sie fest gepresst wurden trat man mit den Füßen darauf, stampfte sie zusammen und bald wurde das Ding schwerer. Stets wurde eine zweite Tonne befüllt und war bereit um gegebenenfalls den Heizvorgang nicht unterbrechen zu müssen. Vermutlich aus Sparsamkeitsgründen wurde jedoch nie eine heiße leere Trommel aus dem Ofen gezogen. Neigte sie sich dem Ende zu, oder war sie ausgebrannt, dann war Schlafenszeit, so einfach war das.

Den Lebensrhythmus bestimmten damals und früher die wesentlichen Dinge. Die Heizdauer eines Ofens sei als ein Beispiel von vielen genannt.

Wenn du etwas nicht kennst dann kann es dir nicht fehlen. Diese simple Formel bringt es auf den Punkt. Fernsehen gab es noch nicht, zumindest nicht verbreitet und so hat es keiner entbehrt, dennoch haben Menschen mit allen Facetten des Lebens auch ohne Flimmerkiste existiert.

Hatte ich eine Blechtonne befüllt hievte eine der 'Tanten' sie zum und in den Ofen. Als ich noch kleiner war konnte ich sie kaum heben da befüllte ich sie nur. Die Späne wurden von oben her angezündet, qualmten zunächst ein wenig und dann gloste es langsam weiter nach unten. Mit dieser Füllung gab der Ofen etliche Stunden wohlige, gleichbleibende Wärme ab.

Auf diese Art zu heizen ist mittlerweile scheinbar in Vergessenheit geraten. Damals aber – zumindest in meiner Wahrnehmung – war sie in dieser Gegend sehr verbreitet. Es mag sein, dass durch die Sesselfabrik ein Überangebot an Spänen herrschte und sich als billige Wärmequelle dadurch zwangsläufig das heizen mit Sägespänen angeboten hat.

Einmal im Jahr wurden die Sägespäne geliefert. Damit der Traktor samt Hänger zum Schuppen gelangen konnte, wurde – was ganz selten geschah – der Holzzaun vorne an der Strasse ausgehängt damit die Fuhren nahe des Schuppens abgeladen werden konnten. Es war ziemlich mühselig die Späne dann in den Schuppen zu schaufeln.

Einige male habe ich beim befüllen einer Heiztonne herumexperimentiert und verschiedene Dinge zwischen die Späne gestreut. Kleine Holzstücke, allerlei Papier, nichtige Dinge eigentlich. An eine Befüllung aber erinnere ich mich genau.

Der Frühling war nicht mehr weit, denn die Märzenbecher blühten bereits und auf der kleinen Wiese vor dem Zaun hatten sich nach den Schneeglöckchen schon die ersten Schlüsselblumen entfaltet. Ich trat die ersten Lagen Späne fest und legte den ungeliebten Strumpfhaltegürtel samt den Spangen – als sei er mir zufällig heruntergefallen – in die Spänetonne. Danach bedeckte ich ihn mit weiteren Lagen und schleppte die Tonne keuchend allein zum Ofen. Es konnte mir nicht schnell genug gehen die vermaledeite Halterung zu vernichten.

Vom ausgemusterten Fahrradschlauch hatte ich mir Gummiringe abgeschnitten die ich nun als Halterung für die Strümpfe benutzte. Mein Freund Günter hatte mir den Tipp gegeben. Die Ringe waren aber sehr eng und ich bekam sie nur schwer über die Oberschenkel. Sie drückten tiefe Furchen hinein und taten nach wenigen Minuten ziemlich weh. Ohne Gummi hielten aber die langen Strümpfe nicht und rutschten bei jeder Bewegung nach unten. Schon wollte ich die spontane Entsorgung meines Strumpfgürtels bereuen und stellte Überlegungen an ihn wieder aus der noch nicht verheizten Tonne zu fischen. Da kam mir die rettende Idee. Aus dem Keller stibitzte ich mir vor dem schlafengehen zwei Gummis von den dort gelagerten leeren Einweckgläsern, streifte sie an die Beine. Das hielt gut und war gleich angenehmer. Ich konnte die Strümpfe über die Einweckgummis schlagen und so fiel niemandem auf, dass ich vom nächsten Tag an den ungeliebten Halter nicht mehr trug.

Ab dem kommenden Winter war dann die Strumpfperiode endgültig Geschichte und vorbei, ich bekam meiner erste lange Hose die meine Mutter aus dem Stoff eines Wehrmachtsmantels nähte. Zwar hatte diese Hose keine Bügelfalte, war unförmig wie eine Wollwurst aber sie wärmte besser als die Strümpfe.

Als Annatant zu Beginn der nächsten Heizperiode bei der Reinigung der Tonne die Fragmente des Halters, die schmalen Schnallen aus Metall und die verbogenen Noppenklammern des Strumpfbandgürtels in der zu befüllenden Tonne fand, lächelte sie mild. Zumindest glaube ich das gesehen zu haben.

Annatant und der Most

Jedes Jahr im Herbst war Erntezeit der Mostbirnen. Zwar sahen sie aus wie kleine schöne Birnen. Waren gelb mit auf der Seite rötlich reifer Farbe, wenn man aber hineinbiss und den Geschmack einer Birne erwartete, wurde man enttäuscht. Kaum Süsse, dafür mehlig und säuerlich, dass es einen zum ausspucken drängte. Ich ließ es bald bleiben den Geschmack einer Birne zu erwarten.

Annatant hatte das Ernterecht für die beiden an der Straße dem Haus gegenüberstehenden Mostbirnbäume. Dann war es wieder einmal soweit. Mit dem kleinen Leiterwagen holten wir von einem nahen Bauernhof zwei bis drei Strohballen. Das Stroh breiteten wir unter jene Äste aus die auf die Straße ragten, damit die herabfallenden Mostbirnen beim Aufprall auf den Asphalt nicht sofort zerplatzten und unbrauchbar wurden. Dann begann Annatant mit einer langen Stange die Äste zu rütteln. Die meisten Birnen fielen mit sattem polterndem Geräusch herunter. Ich hielt gebührend Abstand vor den herabfallenden Früchten. Danach sammelten wir die Mostbirnen auf und legten sie in große Körbe. Das klingt mühsam, hat aber Spass gemacht. Bald waren die Finger und Hände vom enthaltenen Zucker der Birnen klebrig. Laub, Gras und Stroh bildeten eine dünne Schicht die wie Handschuhe wirkten. Die Körbe die man auch Schwingen nannte, hievten wir danach auf den kleinen Leiterwagen der von Hand gezogen wurde.

Waren die Körbe voll schoben wir den schwer beladenen Handwagen zu einem Bauernhof ganz in der Nähe. Dort gab es eine Mostpresse. Zuerst wurden die Birnen in einen Hexler geschüttet der die Früchte zerkleinerte. An dessen großen Eisenring war eine Kurbel. Drehte man daran begann der Hexler sein Werk und zerfetzte die Mostbirnen in viele kleine Stücke. Erst dann kam dieser saftige Brei in die Presse.
Annatant drehte mit all ihrer Kraft am oben befindlichen eisernen Drehkreuz und die Eisen- und Holzplatten quetschten den Brei zusammen. Bald lief aus der Presse ein gelbrötlich trüber Saft in einen Blecheimer. Dieser Saft der wie die Birnen zuvor nun gar nicht mehr säuerlich sondern sehr süß schmeckte, verführte davon zu kosten. Immer wieder trank ich. Es war der sogenannte Süssmost. Wir befüllten damit die mitgebrachten kleinen Holzfässer und Tongefäße. Die ausgepressten Mostbirnen ließen wir beim Bauern der sie an seine Tiere verfütterte.

Nach einigen Stunden waren die Früchte geerntet und ausgepresst. Wir machten uns auf den Heimweg. Weil ich offenbar zuviel des köstlichen Süssmosts genossen hatte, rumorte es gehörig in meinem Bauch und ich hatte es eilig mit der schwappenden Last auf dem Leiterwagen nach Hause zur rettenden Toilette zu kommen. Der Wagen war schwer zu bewegen so dass Annatant hinten anschob und ich die Deichsel führte. Vermutlich durch einen größeren Stein ausgelöst, wurde mir die Deichsel aus der Hand gerissen, eines der Vorderräder blockierte, der Wagen neigte sich zur Seite, kam vom Weg ab und das Gefährt landete halb umstürzend unsanft im kleinen Weggraben. Knirschend zerbrach eines der Tongefäße und eines der kleinen Fässer kullerte auf die Wiese, ergoss den süssen Inhalt gluckernd ins Gras. Ich sprang rettend hinzu, versuchte den Schaden zu begrenzen, richtete es auf und vermied so weiteren Mostverlust.

Annatant schimpfte über meine Ungeschicklichkeit und benannte mich mit einigen höchst beichtwürdigen Ausdrücken auf deren Wiederholung ich hier verzichte.

Nachdem wir das Fass unter Mühen wieder auf den Leiterwagen gehievt hatten setzten wir unseren Heimweg fort. In meinen Eingeweiden rumorte es unvermindert weiter und ich achtete daher nicht sonderlich darauf wie und was sie schimpfte.

Sie brabbelte den ganzen Heimweg unentwegt vor sich hin und machte wahrscheinlich bereits Gewissenserforschung für das baldige unvermeidliche Beichtgespräch.

Der Süssmost schmeckte mir nur wenige Tage. Genau genommen mochte ich ihn gleich nach dem auspressen am liebsten. Als er zu gären begann und später zu Most mit Alkoholgehalt reifte fand dieser als Kind nicht mehr meinen Beifall.

Lourdes

Meines Wissens war Annatant in ihrem Leben viermal im Ausland. Einmal zu Besuch in der Schweiz bei ihrer Schwester die dort als Nonne in einem Kloster lebte, einmal zur Wallfahrt in Altötting und zweimal in einem Bus auf Marienwallfahrt nach Lourdes in Frankreich.

Jedesmal hatte sie in Lourdes Weihwasser erstanden das sie in einem kleinen Fläschchen wie einen Schatz hütete. Dieses Weihwasser kam nicht in die Weihwasserbehälter neben den Türen. Dafür war es zu wertvoll. In diesen Behältern war das vermutlich weniger wertvolle Weihwasser unserer Pfarrei. Sozusagen das geweihte Wasser für jeden Tag das aus einer großen Glasflasche die in der Speis gelagert war, nachgefüllt wurde.

Einige Male wenn ich krank war beträufelte sie mich mit Weihwasser aus Lourdes. Ob ich mich daraufhin besser gefühlt habe oder schneller gesund wurde weiß ich nicht. Ich glaube eher nicht, dass es so gewirkt hat wie Annatant es in guter Absicht eingesetzt hat. Sie jedenfalls glaubte fest an die Wunderwirkung des Wassers aus Lourdes und verzeichnete sofort einen erhofften Erfolg mit der Bemerkung: „es hüft da, i sichs ganz deitlich!" vermutete sie und bekräftigte: „des war des Weihwasser aus Lourdes! Des hüft wirklich!"

Sie sprach Lourdes aus wie man es schreibt und darum klang es für mich immer kindlich naiv wenn sie es sagte.

Viel wusste ich damals über Lourdes nicht. Einem armen Mädchen soll in einer Felsengrotte die Mutter von Jesus, namens Maria erschienen sein. Das war schon ziemlich lange her. Wunder sollen auch vorgekommen sein, Kranke wurden angeblich geheilt und daher pilgerten unzählige gläubige Menschen aus aller Welt nach Lourdes um vielleicht auch ein Wunder für jemand anderen oder für sich zu erhaschen.

Auch eine etwa 15 cm hohe Marienstatue aus Gips mit bemaltem pastellblauen Umhang hatte sie mitgebracht die im Herrgottswinkel der Küche einen festen Platz bekam.

Mir hatte sie, zu meiner Freude auch etwas mitgebracht. Eine Glaskugel in der – wenn man sie leicht schüttelte - es auf eine Maria schneite die allerdings einen rosaroten Umhang hatte mit einem völlig anderem Gesicht.

Ich stellte mir die Frage nicht welche der beiden Mariendarstellungen nun die echte war. In den beiden Kirchen des Ortes sahen die Marias nämlich wieder ganz anders aus. Mir war bald klar, dass ja keine Fotografie von Maria oder Jesus existierte und daher nach Ähnlichkeiten bei der bildhaften Darstellung zu forschen keinen Sinn hatte.

Achja, da war dann noch die Sache mit dem kleinen Fläschchen aus Lourdes. Annatant bewahrte das kostbare Weihwasser üblicherweise in der Schublade ihres Nachtkästchens auf. Mir wäre nie eingefallen je dort hineinzusehen oder herumzusuchen. Ich habe von jeher respektiert, dass jemand vielleicht Geheimnisse hatte die nicht für jedermann bestimmt sind.

Nach einer ihrer Wunderhoffnungen bei dem sie wieder einmal das kostbare Nass bei mir oder sich selbst eingesetzt hatte blieb es kurz vergessen auf der Kredenz im Wohnzimmer stehen. Neugierig war ich schon immer. Ich betrachtete das Wunderfläschchen von allen Seiten, zog den Stoppel ab, roch daran. Es roch nach nichts. Kurz den Finger befeuchtet, verrieben, nichts das auffällig gewesen wäre und dennoch musste es etwas besonderes sein wenn es aus Lourdes stammte. Dann passierte es. Es fiel mir aus der Hand und gluckerte den wenigen Inhalt auf den Teppich. Erschrocken fasste ich danach, wollte es geschwind retten, aber es glitt mir erneut aus der Hand. Noch mehr ging verloren. Ich geriet in Panik und hob es ehrfürchtig auf. Da war kaum mehr Weihwasser darin, furchtbar! Annatant würde ausser sich sein und ich mochte es garnicht wenn sie sauer auf mich war.

Ich hätte das Fläschchen mit normalem Wasser auffüllen können und hoffen, dass es niemand merkt, aber so kaltblütig war ich nicht. Irgendwie habe ich schon wegen des Vertrauens zu Annatant auch an die Wunderkraft des Inhalts geglaubt und so huschte ich eiligst in die Speis um die Flasche mit dem Weihwasser von uns zu suchen. Ich wurde fündig und mischte das offenbar weniger wertvolle Weihwasser mit dem teuren aus Frankreich, dann stellte ich es wieder auf die Kredenz. Unser Weihwasser aus dem Ort hatte doch ebenfalls keinerlei Geruch. Es war bestimmt unmöglich die beiden voneinander zu unterscheiden. Auch die Wirkung blieb gleich, so hoffte ich und vor allem dass Annatant die Mischung nicht auffiel.

Zwar habe ich schweren Herzens dem Katecheten bei der nächsten Beichte mitgeteilt was mir passiert ist, aber der meinte, dass es eigentlich nicht schlimm sei und keine Sünde ist wenn man Weihwasser mischt und so habe ich Annatant nie erzählt, dass ich mit dem teuren Weihwasser gepantscht habe und sie im Glauben gelassen, dass Lourdeswasser im kleinen Fläschchen ist. Was ich dazu sagen kann ist, dass sie es je nach Bedarf weiterhin eingesetzt hat.

Sie hat immer an dessen Wirkung geglaubt und ich habe mein Ungeschick samt schlechtem Gewissen bald aus meinem Gedächtnis verdrängt.

Die Hundsnanni und der Hanslucki

Bevor an der östlichen Seite des Bauernhofes zur Strasse hin eine Tankstelle errichtet wurde, befand sich dort ein kleines halbverfallenes Haus. Eine ältere Frau hauste darin und mit ihr etliche Hunde. Alles Mischlinge unterschiedlichen Aussehens und Grösse. Die Frau wirkte verwahrlost und ob ihrer Bereitschaft sich um die Hunde zu kümmern und mit ihnen auf engstem Raum zu leben wurde sie allgemein 'die Hundsnanni' genannt. Getuschelt wurde, dass sie von der Fürsorge lebte jedoch diese Unterstützung für ihre Hunde verwendete.

Elektrischen Strom hatte sie in dem Haus offensichtlich nicht, denn manchmal bügelte sie vor dem Haus auf einem alten Tisch ihre Wäsche. Dazu benutzte sie ein gusseisernes Bügeleisen in das sie glühende Kohlen getan hatte. Die Hunde tollten herum und sie schwenkte hin und wieder das schwere Bügeleisen um es dadurch wieder auf entsprechende Temperatur zu bringen. Es war faszinierend zu sehen wie die Wäschestücke glatter wurden. Manchmal spritzte ein Kohlefunken aus den Luftlöchern und glomm kurz auf dem Wäschstück ehe sie ihn leise fluchend entfernte.

Sie bügelte konzentriert doch hin und wieder rief sie die lauten Hunde - wenn diese zu wild geworden waren - aus zahnlosem Mund zur Ordnung. Nur kurz beeinflusste ihr Ordnungsruf das Treiben der quirligen Vierbeiner, denn es fehlte die Konsequenz irgendetwas zu ahnden und das schienen die Tierchen zu wissen.

Ihre alte Behausung habe ich nie betreten und hatte wie alle anderen auch nur eine vage Vorstellung wie es darin aussehen mochte. Wer sie war, woher sie kam blieb im Dunklen. Sie war da und mit ihr die vielen Hunde.

Ein wenig erinnerte mich die Hundsnanni an die bekannten Bilder aus Wilhelm Buschs Max und Moritz und den Streich um Schneider Böck.

Oft liefen wir um die Hütte herum und riefen spottend ihren Spitznamen nachdem wir ihr einen frischen Kuhfladen vor die Türe gelegt hatten.

„Hundsnanni, Hundsnanni!" Sie zeigte sich dann und drohte mit einem Besen oder etwas anderem. Wir gaben lachend Fersengeld und stoben auseinander. Das Ärgern der Hundsnanni gehörte bis zum Abriss der Hütte zum täglichen Ritual von uns Buben.

Dann war da noch Hanslucki. Warum er so genannt wurde ist mir nicht bekannt. Markant an ihm war, dass seine Zunge mit der inneren Wange verwachsen schien und er daher einen argen Sprachfehler hatte. Man verstand ihn kaum, aber er sagte ohnehin nicht viel. Auf dem Hof diente er als Pferdeknecht und schlief auf einer Decke im Stroh bei den Pferden im Stall. Hanslucki war für uns leicht zu imitieren. Jeder wusste sofort wer gemeint war wenn er beim sprechen die Zunge zwischen die Molaren klemmte. Oft unterhielten wir uns auf diese Weise und amüsierten uns königlich dabei.

Von unserer Hänselei blieb natürlich auch Hanslucki nicht verschont. Manchmal beobachteten wir ihn wenn er splitternackt im Stall stand und sich einen Wasserscheffel über den Kopf goss. Eine Dusche sozusagen. Er benutzte ungewärmt das Trinkwasser der Pferde. Nachdem wir beobachtet hatten dass die Pferde getränkt waren und er offenbar nun sein 'Duschwasser' bereitstellte und sich entkleidete, schütteten wir heimlich einen Papiersack mit Salz hinein und kicherten voll Vorfreude. Schaden hatten wir keinen angerichtet, zumindest keinen sichtbaren. 'Hanslucki' schien unbeeindruckt. Wir jedoch fanden es bei jeder Gelegenheit erwähnenswert und glaubten uns dafür von den Zuhörenden feiern lassen zu müssen.

Uns zugute halten möchte ich, dass Kinder keinesfalls geplant grausam sind und mit jeglicher Art von Behinderungen eines anderen instinktiv richtig umgehen können. Sie sind jedoch in der Lage zu erkennen worin ein gravierender Unterschied besteht. Ist das unbewusst zutage tretendes Normverhalten? Ich weiß es nicht.

Zwischen Hanslucki und der Hundsnanni schien es eine Verbindung zu geben die mir verborgen blieb und daher Möglichkeiten von vielerlei Mutmaßungen zulässt. Waren sie ein Paar, oder früher einmal ein Paar gewesen – wofür es keine sichtbaren Anzeichen gab – dann verbargen sie dies geschickt. Eher vermutete ich, dass sie Bruder und Schwester waren oder sonst irgendwie weitläufig miteinander verwandt. Es kann aber auch sein, dass ich sie heute als markante Originale sehe die aus dem damaligen Rahmen fielen und in meiner Erinnerung deshalb in ein Nahverhältnis kommen das vielleicht nicht existierte.

Mit der Fertigstellung der Tankstelle veränderte sich vieles. Die Pferde wurden allmählich durch Traktoren ersetzt. Maschinen für alles und jeden Arbeitsgang wurden angeschafft. Die Zeit schien sich selbst zu überholen obwohl dies nicht möglich ist. Man wird älter, verändert Blickwinkel und Standpunkte und manchmal schwelgt man in Erinnerungen hinein die man vergessen glaubt.

Hanslucki und die Hundsnanni verlor ich ab der Tankstelleneröffnung ebenso aus den Augen wie viele andere Menschen auch und bleiben Teile meiner Andenken aus Kindertagen.

Gemischte Menschen

Sie kamen teilweise auch mit Kutschen aus dem Südosten Europas, hatten ihre Habseligkeiten darauf verstaut und eine lange Odyssee hinter sich. Vertriebene und Volksdeutsche. Dies war die Bezeichnung die man ihnen gab. Manche waren kaum der deutschen Sprache mächtig, vor allem die Kinder. Ihre Pferde durften sie vorübergehend in den Stallungen beim Gradinger unterbringen. Gradinger war das Gasthaus nebst Bauernhof bei dem wir bis 1957 zur Untermiete wohnten.

Herr Lammers, der später Straßenwalzenfahrer war, besaß ein mittelgroßes struppiges Pferd das die Augen immer seltsam aufriss wenn sich jemand näherte. Es hatte Scheuklappen wie jenes Pferd vom Apotheker mit dem der zu seinem Vergnügen mit der Kutsche gerne über Land fuhr.

Aus der Wojwodina kam Herr Lammers und es hatte ihn mit seiner Familie samt Gefährt und Habseligkeiten bis nach Oberösterreich gebracht. Ich hörte irgendwann, dass er das Pferd verkauft hatte um Möbelstücke sowie Miete für die Wohnung und Nahrung zu haben.

Viele der Männer die plaudernd beisammen standen sprachen in serbo-kroatisch und gebrochenem deutsch über die Erlebnisse die sie bewogen hatten ihre Heimat zu verlassen.

Die Fremde Sprache wurde mir in ihrer Struktur bald vertraut obgleich ich kein Wort verstand. Manche Worte wurden oft wiederholt und wenn ich allein irgendwo gedankenverloren spielte plapperte ich sie mit den gleichen Betonungen wie sie vor mich hin. Verbotenes lernst du schnell und so wusste ich bald um Flüche und Verwünschungen in dieser Sprache, wenngleich ich die Bedeutung nicht immer verstanden habe.

Es gab die Einheimischen ‚die Dasigen', die Zugereisten Österreicher ‚Zuagroaste', die Zugereisten Deutschen und dann die Flüchtlinge und Vertriebenen meist aus dem Südosten Europas. In dieser Reihenfolge nahm ich die Wertschätzung der Einheimischen wahr. Letztere, die Flüchtlinge, unterschied man in Banater, Siebenbürgen und Volksdeutsche. Banater und Siebenbürgen galten als fleißig und genügsam. Sie waren nicht nur bei der Ernte gesuchte Arbeitskräfte. Den Volksdeutschen dichtete man eine gewisse Mitschuld am verlorenen Krieg an.

Die alte Gradinger bezeichnete uns oft übellaunig – wir bestanden aus einem zugereisten Österreicher (ich) einer zugereisten Deutschen (meine Mutter) und meinem Stiefvater der Volksdeutscher war – gerne als 'Gsindel'.

Von ihr stammt auch die damals getane Aussage: In die Kirche gehe ich wenn ich alt bin, dann habe ich Zeit dazu! Das verwunderte mich sehr wie naiv sie war. Gott vergass doch nichts und würde sie dafür irgendwann bestrafen, zumindest hatte man es mir so beigebracht.

Später, viele Jahre später, habe ich die betagte Gradinger wiedergesehen und da war sie schon alt, sehr alt. Sie saß bigott tuend mit einem Gebetbuch in einer Ecke der Gastwirtschaft und las darin. Ihre fahlen Lippen zitterten ganz leicht dabei und ich hatte den Verdacht, dass dies nicht durch die Formung lautloser Worte geschah sondern ihrem Alter zuzuschreiben war und sie ihr tun listig als Gebet demonstrierte. Die Perücke war leicht verrutscht und ihr Gesicht mit vielen Runzeln hatte kaum noch Ähnlichkeit mit der kalten Frau die uns Kinder früher bei jeder Gelegenheit beschimpft und verflucht hatte. Sie verzog bei der Begrüßung den alten Mund wie damals wenn sie sprach und sie tat mir leid.

Es gab Solidarität unter den verschiedenen Volksgruppen. Man half sich untereinander so gut es ging. Sie hatten nicht nur die Heimat sondern auch ihre Existenz verloren und mussten neu beginnen. Jeder hatte so seine Methode. Die einheimischen Männer, wenn sie ohne Anhang waren suchten sich unter den Zugereisten Frauen ihre Partner. Viele derer waren Kriegerswitwen oder der Mann galt als vermisst. Die Anderen biederten sich bei den Einheimischen an, aber das gelang in den seltensten Fällen eine wirkliche Integration. Sie blieben überwiegend Fremde. Wieder Andere versuchten auf andere Art eine neue Existenz aufzubauen sei es als Handwerker, in der Fabrik, als Viehhändler oder Handelsreisende. Viele allerdings sahen ihre Zukunft nicht in Oberösterreich, sie wollten weg. Auswandern, Umsiedeln entweder nach Deutschland oder nach Übersee.

Ein oft gehörtes Wort dessen Bedeutung ich zuächst nicht verstand hieß 'Lastenausgleich'. Darin spiegelten sich Hoffnungen auf Unterstützung durch staatliche Stellen. Lastenausgleich schien enorm wichtig und den gab es scheinbar nur in Deutschland. Mein Stiefvater beabsichtigte ebenfalls solch einen Antrag zu stellen.
Damit war gemeint, dass die durch Kriegswirren Vertriebenen für ihr nicht bewegliches und damit zwangsläufig verlassenes Eigentum eine entsprechende Entschädigung vom deutschen Mutterland erhielten.

Wir Kinder untereinander hatten zunächst keine Berührungsprobleme. Ich ohnehin kaum weil durch die häufige Sommerfrische meines Großvaters in diesem Ort eine Verbindung zu den beiden alten Damen bestand. Ich pendelte fast mühelos zwischen den verschiedenen Volksgruppen und habe die Nachteile die diese erfahren mussten – sieht man von den Attacken der alten Gradinger ab - anfangs nicht erlebt.

Kriegsversehrte

Auch noch zehn Jahre nach dem Krieg gehörten verstümmelte Menschen - hauptsächlich Männer jeder Altersgruppe – zu meinem visuellen Umfeld. Es hatte für uns unbeteiligte nichts besonderes wenn jemand Kriegsversehrt war. Wir lernten schnell dass die Wirkung eines Krieges sich nicht nur auf fehlende Gliedmaßen beschränkte. Unzählige hatten ihr Leben verloren und unermesslich viele erlitten Schaden an Leib und Seele.

Mancher meiner Lehrer hatte nicht aufgehört in seinem Tausendjährigen Reich zu schwelgen und huldigte ihm auf mehr oder weniger versteckte Weise indem er manches jener Zeit glorifizierte und in buntesten Farben schilderte. Schlimm, dass diese 'Erzieher' damals weiterhin ihr Unwesen treiben durften und versuchten uns in ihrem Sinne zu prägen. Gottlob ist ihnen – wie ich heute weiß - das nur zum geringen Teil gelungen, denn es gab ebenso vernunftbegabte Erzieher die sich deutlich vom Unwesen des dritten Reiches distanzierten.

In meiner Klasse hatte jeder dritte keinen leiblichen Vater mehr. Die waren gefallen, hieß es. In meinem kindlichen Verständnis konnte für fallen, gefallen, keineswegs der Tod eines Menschen gemeint sein. Aber auch das lernte ich bald zuzuordnen. Viele der heimgekehrten Männer trugen nicht nur äußere Verletzungen davon. Das setzt sich bis heute fort und letztlich seid auch ihr heute noch mit Spätschäden dieses Krieges behaftet. Familien wurden getrennt, zerstreut, vernichtet und manche Bindung unter Erwachsenen hielt durch viele viele Jahre.

Bewundernswert finde ich heute noch das Verhalten jener Frauen deren Mann, Vater, Bruder usw. gesund in den Krieg ziehen musste und als Krüppel wiederkam und seinen PLatz wieder einnehmen konnte. Wenigstens lebte der geliebte Mensch. Selbstverständlich waren nicht alle Heimkehrer in stabilen Familien. Das darf man nicht schönreden.

Ich erinnere mich noch gut an jenen Mann dessen Gesicht aus vielen verschiedenen Hautfetzen zusammengenäht war. Nase hatte er keine mehr und die Augen sahen aus Lidlosen rotgeränderten feuchten Höhlen. Der Mund wie der einer Sprechpuppe, unförmig wie ein zufälliger Strich und nur erkennbar weil Laute daraus kamen die einer Sprache ein wenig ähnelten. Er war praktisch unkenntlich und dennoch schien - ob des schrecklichen Anblicks – sich niemand daran zu stören. Er sah so aus wie er aussah. Einen Vergleich zu seinem Aussehen vor der Verstümmelung hatte ich nicht. Irgendwann hörte ich ein Gespräch unter Erwachsenen mit und erfuhr, dass die Verstümmelung durch Feuer in einem Panzer, zu dessen Besatzung er gehört hatte, geschehen war.

Es war für uns Kinder normal, dass manchem Mann ein Arm oder das Bein fehlte. Kriegsblind, Granatsplitter. Unendlich sind die möglichen Resultate von Verstümmelung an Menschen durch einen Krieg. ‚Auf dem Feld verloren' hieß es. Ein Feld war für mich als Kriegsschauplatz nicht zuzuordnen. Säen und ernten, dazu brauchte man ein Feld. Ich merkte bald, dass Scherze darüber nicht angebracht waren. Dennoch die Schlachten fanden schon in der Antike auf Feldern oder Schlachtfeldern statt und hatten als bevorzugter Ort wohl etwas mit Übersichtlichkeit zu tun.

Ich erinnere mich an Männer deren Jackenärmel in die Seitentasche der Jacke gesteckt war weil ihnen der Arm fehlte. Andere hatten ein leeres Hosenbein mit einer Sicherheitsnadel an der Hüfte befestigt wenn das Bein amputiert war. Sie humpelten auf Achselkrücken daher und hatten sich offensichtlich an ihre Kriegsbehinderung gewöhnt.

Männer mit starren Lederhänden waren keine Seltenheit und viele trugen Augenklappen wenn ein Auge verloren war. Weil auch der erste dieser Weltkriege noch nicht allzulange her war, mischte sich die Versehrtheit der Menschen beider Kriege. Genauer betrachtet war es ohnehin nur einer, nämlich ein weiterer 30 Jahre währender Krieg der 1914 begann. Ein Weltkrieg wird ja nicht vorherbestimmt, er entwickelt sich und wird nachträglich geschichtlich als soundso-Krieg eingeordnet. Nachdem in der so genannten Zwischenkriegszeit ein vorübergehendes Hoch in Kriegsfolgedekadenz mündete war das erneute aufflammen kriegerischer Auseinandersetzungen beinahe eine logische Folge des ersten Weltkrieges der Unmassen an getöteten Menschen produziert hatte und im zweiten Teil – der als zweiter Weltkrieg bezeichnet wird - diesen sogar noch bei weitem übertraf. Folgen von Kriegen sind neue Grenzen, dennoch schwelen Konflikte weiter. Menschen können offenbar nicht anders als sich immer wieder bekriegen.

Wir sahen die Ergebnisse der erlittenen Verletzungen an Menschen aber erlebten glücklicherweise nicht deren Entstehung.

Kriegsgerät faszinierte uns Kinder natürlich. Unsere Region in Oberösterreich war von den Amerikanern besetzt und so sahen wir häufig – besonders bei Manövern – allerlei fremdartige Fahrzeuge. Wir zimmerten aus Informationen die wir untereinander begierig sammelten unsere Bezeichnungen für die Waffen der Infanterie. Ganz besonders hatten es uns die gepanzerten Fahrzeuge angetan. Man spürte deren unbändige Kraft, aber nicht das Verderben das sie nach sich ziehen konnten. Gottlob hatten wir keinerlei Vorstellung vom Grauen das im Namen eines Krieges ausgelöst wird.

Oft überlege ich ob wir damaligen Kinder toleranter waren als Kinder heutzutage. Wir wuchsen so heran, dass es normal war mit behinderten Menschen zu leben.

Die Ache und der Mühlbach

Die Ache war ein breiter flacher Bach. An einmal kann ich mich erinnern, da hatte sie Hochwasser. Es war zur Ferienzeit. In der zweiten oder dritten Volksschulklasse war ich damals. Tagelang hatte es in diesem Sommer geregnet und sie schwoll an und zwar so sehr, dass die Brücke im Ort abgesperrt werden musste. Klar habe ich mir angesehen was los war und bin hingegangen. Mir gelang es ziemlich nahe heran zu kommen. Es war unglaublich aufregend. Der sonst harmlose Bach war in kurzer Zeit ein reissender Fluss geworden. Weiter oben habe er eine Siedlung fast ganz weggeschwemmt erzählten die Leute. Jetzt war die Ache schmutzig-braun und floss sehr sehr schnell. Immer öfter stieß Treibgut bereits an die Unterseite der Brücke um dann schlingernd, quirlend auf der anderen Seite herausgeschleudert zu werden um weiter flussabwärts zu treiben. Baumstämme, tote Schweine, eine tote Kuh sogar habe ich vorbeitreiben sehen, ausgespülte Grasnaben und wieder Baumstämme, Buschwerk, Bretter unterschiedlicher Größe die Flussaufwärts irgendwo weggerissen worden sind wurden vorbeigeschwemmt. Der sonst harmlose Bach wirkte jetzt sehr bedrohlich und war mir plötzlich total fremd, ja machte mir wegen der unbändigen Gewalt, Angst. Keiner der erwachsenen Neugierigen und wir Kinder schon gar nicht durften in die Nähe der Brücke. Es regnete zwar nicht mehr so stark, dennoch hörte ich, dass die Brücke fortgerissen werden könnte wenn das Wasser weiter stieg. Es war also ziemlich ernst. Die Männer von der freiwilligen Feuerwehr schienen keineswegs überfordert und mühten sich Wichtiges zu sichern und zu bewahren. Dennoch konnte nicht alles vor der Urgewalt geschützt werden. Manches ufernahe Anwesen wurde arg in Mitleidenschaft gezogen.

Meines Wissens hielt die Brücke und der Hochwasserstand ging einige Tage später zurück.

Die Ache war – bevor das Schwimmbad erbaut wurde, unser aller Badegelegenheit. Indem wir die runden Steine beiseite schichteten errichteten wir eine Art kleiner Wannen in die wir uns legten und uns darinliegend vom kühlen Nass umspülen liessen. Schwimmen konnte man darin nicht, dafür war sie zu seicht. Die mutigeren badeten im Mühlbach. Die mutigeren deshalb, weil an einem der Wehre der Mühlbach tiefer als sonst war, etwa ein bis eineinhalb Meter tief. Dunkelgrün war das leicht trübe Wasser und man konnte zwei oder drei Schwimmzüge darin machen. Es konnten jedoch auch Scherben und sonstiger Müll in ihm sein. Achtlos oder mutwillig hineingeworfen, das weiß ich nicht. Glasscherben waren da, das weiß ich aus eigenem Erleben. Es war nach der Schule kurz vor den Sommerferien. Ich bin wie die anderen auch hineingesprungen und bekam einen Schnitt von einer Flaschenscherbe knapp unterhalb des Innenknöchels. Es fing an heftig zu bluten. Der Spass war somit vorbei und ich schlich ängstlich nach Hause. Zuerst tat es eigentlich nicht weh. Ein kurzer stechender Schmerz am Knöchel, mehr nicht. Erst dann, als ich sah wie sich viel Blut unter meiner Fußsohle zu einer Lache bildete bekam ich es mit der Angst zu tun. Aus dem Schulheft riss ich immer mehr Seiten um das Blut wegzuwischen aber es kam unaufhörlich nach. Das Papier saugte nichts auf und verschmierte das Blut noch mehr. Außerdem fing es an richtig weh zu tun. Das zerknüllte blutrote Papier steckte ich zunächst in die Taschen der Lederhose, aber die waren bald gefüllt. Dann warf ich die klebrige Papiermasse beim Gradinger auf den Misthaufen und deckte sie mit Mist zu. Fast zu Hause angekommen, verkroch mich hinter den unterhalb unserer Wohnung gestapelten Gasthausbänken, legte das Bein hoch und wartete darauf dass die Blutung endlich aufhörte, aber es hörte nicht auf. Ich hatte ungeheure Angst vor der Bestrafung. Mutter hatte mir eindringlich den Mühlbach verboten, aber dann als es allmählich dunkel wurde musste ich Heim und so schlich ich nach oben, als könne ich so tun als sei nichts vorgefallen. Sie schimpfte zuerst und dann sah sie das immer noch dick herausquellende Blut. Sie reagierte umgehend, fragte nicht wodurch, woher und alles andere, sondern löste eilig dieses allzeit vorrätige Übermangan in lauwarmem Wasser auf. Das breitete sich lila Fäden ziehend im Lavoir aus und dann stellte sie meinen Fuß hinein, reinigte die tiefe Wunde, verband den Fuss und brachte mich danach schweigend zu Bett.

Richtig geschimpft hat sie erst am folgenden Tag und geweint auch. Ich aber war trotz der berechtigten Gardinenpredigt dankbar und fühlte mich beschützt.

Einen Arzt suchte man damals wegen einer solchen Sache wohl nicht auf. Ich erinnere mich, dass Mutter jeden Tag mehrmals aufmerksam den Fuss angesehen hat um zu prüfen ob sich eine Blutvergiftung eingestellt hat. Den Verband wechselte sie mehrmals, kochte die Streifen aus, trocknete sie über dem Herd um sie dann erneut zu verwenden.

Heute weiss ich, dass die Wunde durch einen Arzt genäht gehört hätte. Ein Arztbesuch wäre nötig gewesen aber vielleicht war er nicht leistbar.

Bald wurde das öffentliche Schwimmbad gebaut. Das war auf jeden Fall um 1954 fertig, denn ich weiß noch, dass die Erwachsenen gebannt um ein Radio geschart den Übertragungen der damaligen Fußballweltmeisterschaft lauschten bei dem das österreichische Team ein wichtiges Spiel gegen Deutschland ziemlich hoch verloren hat.

Der Ami und der Blinker

Es war ein heißer Sommertag. Ein Schwimmbad gab es noch nicht und so verbrachten wir unsere Zeit in Wassernähe. Es gab den regulierten schnell fließenden Mühlbach dessen Grund man oft nicht sah und es gab die flache gemächliche Ache. Ein Freund und ich spielten neben dem Fussballplatz an der Ache und gelegentlich badeten wir. Zwar war die Ache breiter als der Mühlbach, aber dafür nicht tief und der Grund war stets zu sehen.

Man konnte in ihr nicht schwimmen dazu war sie zu seicht, aber wenn man einige Steine beiseite legte und aufschichtete bekam man eine Art Badewanne durch die das Wasser lief. Erfrischend an solchen Sommertagen war das allemal und wir hatten allerlei Vergnügen dabei.

Dort wo wir unsere Späße trieben war ein künstlicher Wasserfall. Was heißt Wasserfall. Es war ein gemauerter Niveauunterschied von etwa eineinhalb Metern Höhendifferenz und weil das Wasser gleichmäßig herunter plätscherte hatte es einen wenig aufregenden Wasserfalleffekt. Manchmal sprangen Forellen daran hoch um in den oberen Flusslauf zu gelangen.

Wir waren also beim baden. Ein ziemlich großes breites Auto kam fast geräuschlos herangefahren nur der Kies knirschte. Ihm entstieg ein uniformierter Mann. Ein Amerikaner, wie wir erkannten, der seinem Kofferraum eine Angel entnahm. Ihm schien gar nicht recht zu sein dass wir badeten wo er fischen wollte. Er gab jedem von uns eine Tafel Schokolade und machte uns klar, dass wir nun nicht mehr ins Wasser gehen sollten.

Es war eine 'Cadbury' und die köstlichste Schokolade die ich bisher gegessen hatte. Interessiert sahen wir seinen Angelbemühungen zu. Die Schnur sauste zischend durch die Luft und der Köder klatschte in der Nähe des Wasserfalls ins Wasser. Er kurbelte an der Angel und wir warteten gespannt ob er einen Fisch fangen würde. Wieder und wieder warf er wechselnde Köder aus. Wir begutachteten interessiert seine Ausrüstung. Es waren seltsam filigran wirkende, bewegliche metallene Gebilde die um den Haken herum angebracht waren. „Das sind Blinker" sagte mein Freund wissend.

Dann war es passiert. Einer dieser Blinker verfing sich ich den Steinen oder Pflanzen. Sosehr der Mann auch zog der Köder hatte sich verfangen und er bekam ihn nicht frei. Ich bot an das Ding zu holen.

„ok, go on!" sagte er und ich lief ins Wasser. Es war eine Kleinigkeit den Köder aus einem Dickicht von Wurzeln zu befreien. Der Ami nickte mir freundlich zu, kramte in einem dunkelgrünen Beutel, warf mit einen Kaugummi zu und ab diesem Zeitpunkt wartete ich nur darauf behilflich zu sein. Noch zweimal konnte ich helfen aber dann als der Köder erneut feststeckte war es unmöglich ihn herauszubekommen.

„Cut!" rief er mir zu. „Cut it!" Ich riss daran, aber das Teil blieb stecken wo auch immer es war und das dünne Seil das unangenehm in meine Handflächen schnitt konnte ich nicht abreissen. Er warf mir ein Messer zu und ich trennte die Angelschnur ab. Wieder neben ihm stehend, sahen wir wie er einen neuen Blinker aus einem Blechbehälter nahm in dem unzählige von ihnen lagen und ihn an der Angelschnur befestigte. Der Verlust des vorigen schien ihm schier gar nichts auszumachen. Das entlockte mir Bewunderung und ein unbekanntes Gefühl von, sich Verlust leisten zu können. Wäre es mein Eigentum gewesen, ich hätte nicht locker gelassen es wieder zu bekommen. Ich war beeindruckt. Eine Weile später blieb wieder einer seiner Blinker hängen. Diesmal schnitt ich - bereits versiert und auf seine Anweisung - die Angelschnur erneut durch. Er fing dann doch einige Forellen und stieg mit seiner Beute ins Auto lächelte uns freundlich an, gab uns wieder jedem eine 'Cadbury' und fuhr lässig winkend davon.

Ich hatte mir die Stellen gemerkt an der die Blinker sein mussten. Sie waren nicht schwer zu finden. Eine halbe Stunde später werkelte ich den einen aus einem morschen Ast, den anderen aus einem unter Wasser liegendem sperrigen Treibholz. Meine Beute! Stolz zeigte ich sie nach den Ferien in der Schule herum.

Jahrelang habe ich die glänzenden Dinger aufgehoben ohne sie jemals einsetzen zu können.

Irgendwann, bei einem meiner Umzüge sind die allmählich in Vergessenheit geratenen Blinker wohl als nicht bedeutungsvoll entsorgt worden.

Wenn ich heute Angelhaken oder Fliegen, wie man die Köder auch nennt, sehe glaube ich die köstlichste Schokolade meiner Kindheit im Mund zu schmecken.

Die Kaffeekränzchen

Wegen des großzügigeren Platzangebotes fanden die häufigen nachmittäglichen Kaffeekränzchen in der Wohnung von Tante Luise statt. Da gab es einen großen langen Tisch der mit einem weißen Tischtuch bedeckt und Goldrandservice immer feierlich gedeckt erschien. Die Kaffeekanne hatte unterhalb des Ausgusses eine Schaumstofftülle – geziert mit einem kleinen grünen Keramikschmetterling - die eventuell herunterlaufende Tropfen auffing. Gelegentlich tranken die Damen vom Eierlikör. Dann wurde es in der Runde besonders lustig.

Tante Luise war wie Hanni Oberbauer gebürtige Österreicherin. Meine Mutter, Frau Einfried, Tante Käthe dagegen gebürtige Deutsche. In dieser Runde machte das – wie ich feststellen konnte – keinen Unterschied. Manchmal war auch Frau Scholz oder Frau Estermeier, die beide ebenfalls gebürtige Österreicher waren und mit gebürtigen Volksdeutschen Männern zusammenlebten, dabei.

Es ging immer recht stilvoll zu. Stets wurde besagtes Kaffeeservice benutzt und etwas Dekoration war aufgelegt die den Tisch in gewisser Weise – auch am gewöhnlichen Werktag - festlich erscheinen ließ. Das war den Damen wichtig.

Ich konnte den Gesprächen lauschen wenn über Zustände im Umfeld getratscht wurde. Manch eine der nicht anwesenden bekam dabei herbe Kritik ab. Sei es in Mode- oder Beziehungsfragen, die Damen hatten immer eine Meinung und die war in der gerade anwesenden Gruppe selten geteilt.

Manchmal schickten sie mich zum Bäcker um jene köstlichen frischen Salzstangen zu besorgen die auch ich gerne aß. Dann saß ich dabei, köpfte das Salzstangerl, gab Butter darauf und kaute genüsslich während ich etwas über wichtige Personen die ich allesamt nicht kannte, erfuhr.

Woran ich mich gerne erinnere sind ihre Gespräche über die damalige Prominenz. Ich erfuhr, dass eine gewisse Soraya – die sie gut zu kennen schienen - was mit einem Schah hatte und unglücklich darüber war kein Kind zu bekommen. Das wurde detailliert ausgeführt und kommentiert, was sie tun könnte und wie man selbst damit umgehen würde.

Man darf nicht vergessen, dass es Fernsehen zu jener Zeit noch nicht gab und Tratschsendungen im Radio nicht stattfanden. Die korrekte Aussprache wurde also nicht irgendwo vorgesprochen. In der Wochenschau vielleicht. Der ORF hat dann ja seinen 'Bildungsauftrag' bald wahrgenommen und verstieg sich in falsche Aussprachen die bis heute andauern. Als eine wichtige Informationsquelle dienten damals Illustrierte wie 'Bunte', 'Quick', 'Stern' oder andere bildhafte Blätter an die ich keine Erinnerung mehr habe.

Darauf dürfte zurückzuführen sein, dass fremdartige Namen von den Kaffeekränzchendamen etwas eigenwillig und anders ausgesprochen wurden als ich sie später hörte.

'Greitsch Kelly' zum Beispiel, eine amerikanische Schauspielerin die mit einem Fürst 'Rainer von Monaco' ein Gschpusi hatte und deswegen ihrem letzten Filmpartner keinen Kuss mehr geben durfte.

Allmählich kannte ich mich aus. Die Namen wurden mir vertraut. Soraya hatte den Schah (das klang wie mundartlich Schere) geheiratet und machte mit ihm Urlaub in der Schweiz, aber war immer noch unglücklich.

Die 'Greitsch' war ja bei der Hochzeit so schön gewesen und wirkte glücklich. Der Willi Birgel war in einem Film ein Bösewicht was ja gar nicht zu ihm passte und der O.W. Fischer (Tante Käthe nannte ihn 'Nuschelprinz' wegen seines Sprachgebarens, wofür ich sie noch heute liebe weil er für mich schon damals neben Dieter Borsche der schwächste deutsche Schauspieler war), also der O.W. habe garantiert was mit der Schell, das habe man deutlich gesehen. Stunden vergingen in denen das Leben dieser illustren Personen besprochen und aus der Froschperspektive beleuchtet wurde.

All diese wichtigen Informationen schwirrten beim Kaffeekränzchen herum und ich wunderte mich oft warum andere Leute ausserhalb dieses Kreises davon keine Notiz nahmen. Selbst dann nicht, wenn ich mein Wissen aus erster Hand zu verbreiten versuchte.

Was mir nachträglich auffiel ist, dass die Damen nie politisiert haben. Weder politische Vergangenheit, Gegenwart noch Zukunft und mit ihr verbundene Personen spielten irgendeine Rolle. Mir scheint es war eine bewusst herbeigeführte geistige Berauschung durch lebensfremde Themen den eigenen Alltag kurzzeitig in den Hintergrund zu schieben.

Mit unserer Übersiedlung nach Deutschland waren diese Kaffeekränzchen bald nur noch Erinnerung. Meine Informationen hätte ich in diversen Regenbogenblättern weiter vervollkommnen können wenn es mich wirklich interessiert hätte.

Dögl und der Brief

Eines Tages lernten wir in der Schule wie man Briefe schreiben sollte und zu diesem Zweck mussten wir an einen von ihm willkürlich ausgewählten Schulkameraden ein Schreiben richten. Eigentlich keine üble Sache, denn Briefeschreiben ist sinnvoll.

Wir sollten üben Interesse zu zeigen, die Form zu wahren, Gedanken mitzuteilen sowie höflich zu beginnen und zu enden.
Für Dögl natürlich ein weiterer Grund mich danach bloßzustellen, denn ich hatte im geforderten Brief meinen ehrlichen Gefühlen freien Lauf gelassen.

Mein nicht freiwillig ausgewählter Anschreibpartner war Erwin Freidinger. Ausgerechnet der! Mit dem war ich einen Tag zuvor aneinandergeraten und als uns die Argumente ausgegangen waren hatten wir miteinander gerauft. Er gewann, wie immer, denn er war wesentlich stärker und ich hatte ihm weder den Kampfgrund noch die daraus resultierende Niederlage bisher keineswegs verziehen. Die Fehde war noch aufrecht und ich war immer noch zornig auf ihn. Was das unter Kindern bedeutet wissen nur Kinder. Ein Lehrer oder anderer Erwachsener konnte das nicht verstehen. Ausgerechnet an ihn musste ich einen höflichen Brief schreiben!

„Warum steht da nicht 'lieber Erwin' sondern nur Erwin! Ich habe es hundertmal gesagt, Höflichkeit ist die Mutter des Anstands... Idiot!" fuhr er mich an und fuchtelte mit dem Heft vor meinem Gesicht. Ich versuchte mit den Händen an der Hosennaht – das war immer bei seinen Aufrufen vorgeschrieben - zu erklären warum ich Erwin keinesfalls als 'lieb' bezeichnen wollte, stotterte herum und versuchte zu erklären, dass wir ein Problem miteinander hätten das nicht ausgeräumt war.
„Du bist ein ungehobelter Vollidiot und wirst es bleiben!" brüllte er. „Auch du wirst Höflichkeit noch lernen, du wirst noch an mich denken!" dann wandte er sich geringschätzig dreinblickend von mir ab und lächelte danach besonders freundlich in die Klasse.
„lassen wir diesen Vollidioten, also..." fuhr er mit seinem Resume fort. Dabei bewegte er sich so gespielt überfreundlich, dass ich vor innerer Scham und Enttäuschung am liebsten laut geschrien hätte. Aber wer traute sich denn so was. Ich nicht.
Das freundliche Weitergetue zur Klasse schmerzte mehr als das plichtschuldige Gekichere der Mitschüler. Ich setzte mich und kämpfte mit den Tränen.

Dögl verlangte eine Verbesserung wie man das nannte, aber ich weigerte mich mit ungutem Bauchgefühl erneut Erwin als 'lieber Erwin' anzusprechen. Ich wusste nicht erst seit der Zeit in Wien, dass ich scheinbar wirklich 'verstockt' war wie sie alle es nannten. Eine schallende Ohrfeige und eine Strafarbeit von hundert mal ‚ich werde lernen höflich zu sein' war die Folge meiner Sturheit. Seine halblaute Bemerkung dass ich ein renitenter Bastard sei schluckte ich wie jedes mal wenn er mich vorführte. Ich habe die Strafarbeit tatsächlich geschrieben und abliefern wollen, aber sie war ihm am nächsten Tag Wurscht und er beachtete mein Aufzeigen überhaupt nicht. Keine Ahnung mehr wie lange ich gebraucht habe den Unfug zu schreiben, aber viel Zeit habe ich dennoch aufgewendet. Am Ende der Stunde wollte ich endlich die Strafarbeit vorweisen, da sah er mich nur mitleidig an und ging schweigend aus dem Klassenzimmer ohne das Heft zu beachten.

Als er mir die Strafarbeit verpasst hatte sah ich aus den Augenwinkeln, dass Erwin keineswegs triumphierte. Im Gegenteil, er sah zu mir herüber und schüttelte mit gerunzelter Stirn leicht den Kopf. Das vermittelte mir, ich war doch nicht ganz allein. Sein Mitgefühl habe ich ihm nie vergessen. Wir blieben Freunde so lange wir zusammen in der gleichen Schule waren und verloren uns danach irgendwann aus den Augen.

Am Hof umgab man sich mit freundlicher Etikette. daraus entwickelte sich die Höflichkeit bis hin zur umschriebene Lüge indem man etwas höflich umschrieb das nicht der Wahrheit entsprach. Man war also höflich, darum durfte man auch lügen. Ich habe früh gelernt, dass lügen höflich ist und somit Höflichkeit wenig bis nichts mit der Wahrheit zu tun hat.

Die Jungschar

Als katholisch getaufter Junge, zudem war ich Ministrant, war es keine sonderliche Überraschung für meine Eltern dass ich der Jungschar beitrat. Annatant fand das höchst erfreulich.

Die Ziele der Jungschar waren nicht nur für mich nebulös. Es war eine Pfadfinderähnliche Jugendgruppe mit sehr katholischem Hintergrund. Vor nicht allzuferner Zeit gab es ähnliche Formationen als HJ. Warum man Kinder gerne in solchen 'Gemeinschaften' sammelt kann ich nur vermuten und ein schaler Geschmack bleibt allemal zurück.

Die Uniform war einfach und auch für damalige Verhältnisse leistbar. Sie bestand aus dunkler Hose und weißem Hemd in das das rote Jungscharzeichen eingestickt war. Die 'Uniform' wurde allerdings nur zu besonderen Anlässen verlangt.

Mein weißes Hemd – ich besaß nur eines – hatte Annatant mir zu Erstkommunion genäht. Es wurde für gelegentliche Umzüge und Prozessionen eingesetzt. Allmählich wuchs ich heraus und es wurde mir zu klein. Dennoch habe ich es noch einmal gebraucht.

Wir waren alle schon sehr aufgeregt, denn in einem Wallfahrtsort würde ein Jungschartreffen stattfinden. Mit einem Bus hinfahren, dort an einem Fackelzug teilnehmen, in einem Zelt übernachten, verschiedene Jugendspiele und eine Messe sollte stattfinden.

Es war Sommer und es regnete leicht als wir erwartungsfroh den Bus bestiegen. Meine Weste verbarg die Hemdsärmel aber an den Schultern spannte es schon ein wenig, sodass ich mich kaum bewegen konnte. Als wir in Mariasoundso ankamen regnete es immer noch, aber viel weniger wie uns der fast erwachsene Gruppenirgendwas beruhigte. Wir kamen zu einer Wiese in der bereits einige graugrüne größere Rundzelte aufgebaut waren. Die seien von der Feuerwehr hingestellt worden, hieß es. Es wimmelte von Burschen aller Altersstufen die verschiedene Dialekte sprachen.

Keiner von uns machte sich groß Gedanken über die kommenden Nacht. Allesamt fanden wir es spannend eine gemeinsame Nacht in diesem riesigen Zelt zu verbringen und wir würden ganz bestimmt eine Gaudi haben.

Bis zum Fackelumzug war noch viel Zeit die wir uns mir internen Laufwettkämpfen, die wir als Training betrachteten, vertrieben. Wir markierten die Strecke und liefen Paarweise, dann Sieger gegen Sieger und so weiter bis am Ende einer der Sieger war. So war es geplant und ich hatte erfahrungsgemäß gute Aussichten ins vordere Feld zu gelangen. Beim dritten oder vierten Vorlauf passierte es dann. Ich rutschte auf dem glitschigen Gras aus, schlitterte über die Wiese und mein weißes Hemd war nun an der Schulter und dem Rücken hässlich dunkelgrün gestreift.

Es wegzuwaschen war nicht möglich und so durfte ich beim Fackelzug nur in der Mitte und mit Weste teilnehmen.

Die Feuchtigkeit war und blieb im Zelt und die bereitgestellte Decke reichte nicht aus um ein Wärmegeühl zu erzeugen denn auch sie war klamm und feucht. Selten in meinem Leben habe ich mehr gefroren als in jener Nacht. Die gar nicht romantisch war weil es vom Geräusch des Zähneklapperns von uns allen durchdrungen war. Von Gaudi keine Spur. Eingerollt in die Decke wartete jeder für sich, dass ihm wärmer wurde. Klägliche Versuche mit lustigen Sagern die gedrückte Stimmung aufzuheitern erstickten im Keim. Nur zu Anfang konnte man über zähneklappernde Äußerungen des einen oder anderen lachen.

Es wurde auch nicht wärmer als der Gruppenirgendwas sich mannhaft aber naiv innen vor den Eingang legte um dadurch die hereinströmende Kälte ein wenig abzuhalten.

Irgendwann bin ich dann doch eingeschlafen und in tiefschwarzer Nacht wachgeworden weil ein kleiner Käfer unbedingt mein Gesicht erforschen wollte.

Die Messe am nächsten Morgen erlebten müde halberfrorene Jungscharbuben die sich nach einem warmen Zuhause sehnten. Zwar schien endlich die Sonne, die Luft war etwas wärmer, aber nicht warm genug um die kalte Nacht im Heereszelt vergessen zu machen.

Keiner unserer Gruppe hat dann bei den Wettkämpfen irgendeine besondere Leistung erzielt oder gar eine Trophäe gewonnen. Wir waren uns einig wie selten, wir wollten nach Hause.

An spätere Angebote mit der Jungschar irgendwohin zu fahren erinnere ich mich, aber daran teilgenommen habe ich nie mehr.

Die Rennbahn

Die Rennbahn befand sich an der Peripherie des Ortes. Wenn sie nicht genutzt wurde – das war überwiegend der Fall – war der Eingang mit Brettern verbarrikadiert. Über das ganze Oval hatte sie einen Schotterbelag. Im inneren war Wiese und ein gemauerter hoher Start- und Zielturm. An den Aussenseiten wucherten dichte übermannshohe Büsche zum einen, um den davon spritzenden Schotter zu hindern hinausgeschleudert zu werden und zum anderen als Sichtschutz von außen. Meiner Erinnerung nach wurde die Rennbahn kaum genutzt. Manchmal im Winter zum eher privaten Skijöring und fast jedes Jahr im Sommer zu einem internationalen Speedwayrennen. Ansonsten war sie leer und verwaist. Wenn wir manchmal heimlich durch die Büsche krochen und hineinsahen übte sie keinen sonderlichen Reiz auf uns aus.

Das Idol meiner Kindheit war unbestritten Fritz Dirtl. Ein Speedwayfahrer der Extraklasse. Wenn wir mit unseren Fahrrädern eine Bremsspur in den Schotter zogen oder wild in die Kurve sausten kam immer der Ausruf, „Schau her, wie der Dirtl!"
Auf der Rennbahn habe ich Dirtl zweimal gesehen. Die Zuschauerränge waren voller Menschen. Volksfeststimmung. Er ging an mir vorüber und ich sah mit kindlicher Ehrfurcht zu ihm auf. Die Sonne schien, die Luft war erfüllt mit Auspuffgasen und es roch aufregend nach Rennen und Oberschmieröl. Der Mitte zwanzigjährige gutaussehende Mann hatte lässig seinen grünweissen Overall an den Hüften befestigt und ging mit athletischer Figur zum Starthaus. „Das ist der Dirtl!" zischten die Leute. Man konnte sehen dass er die Bewunderung genoss und ich war stolz darauf dieselbe Luft zu atmen wie er. Unzählige Zuschauer waren gekommen. Lautsprecherdurchsagen die sich echohaft immer wieder selbst schluckten und dadurch kaum verständlich waren, aufheulende Motoren. Spannung pur. Schlanke Motorräder mit großen Reifen die seltsam quer durch die Kurven gelenkt und gerutscht wurden. Dabei hatten die bis zur Unkenntlichkeit vermummten Fahrer den inneren Fuß immer auf dem Boden. Ich erfuhr, dass die linken Rennstiefel eine Metallsohle hatten. Die Kurvenplätze waren nicht sehr beliebt weil dort der Schotter aus der Sandbahn spritzte wenn die Fahrer vorüber rasten. Man konnte an diesem Platz eigentlich nur sehen wenn sie heran preschten, aber danach kurz nichts mehr weil man sich vor den fliegenden Steinchen schützend hinter dem Bretterzaun verbergen musste und es furchtbar staubte. Man sah ihnen nach wenn sie die lange Gerade hinunterfuhren und die nächste Kurve anpeilten um sich dann, wenn sie wieder vorbeirasten, wiederum kurz hinter den Brettern vor den herunterprasselnden Steinchen zu verbergen.

Was mich sehr beeindruckte waren die verschieden farbigen Rennanzüge. Bunt waren sie und gebraucht sahen sie aus. Kein Wunder, die herumfliegenden Steinchen des Schotters trafen während der Rennen wie Geschosse auch auf die Anzüge der Fahrer.

Der Renntag hatte Volksfestcharakter. Jeder der was zu verkaufen hatte bot es an. Getränke, Würstel, Schmalzbrote, Wurstsemmeln usw. Viele Bewohner des Ortes die das ganze Jahr über kaum öffentlich in Erscheinung traten hatten plötzlich wichtige Posten. Als Ordner, Kontrolleure, Einweiser usw. Und einige machten sich ganz besonders wichtig indem sie nichts durchgehen ließen, nicht einmal den harmlosen Platz am Zaun den wir ergattert hatten und von dem man genau den Start beobachten konnte. Mir ist im Verlauf meines Lebens aufgefallen, dass dieser Nobodys sobald man ihnen eine ordnende Aufgabe zuweist, sich im Übererfüllen des zugewiesenen Auftrages hervortun. Als schlimmes Beispiel darf ruhig der vergangene 2. Weltkrieg herhalten.

Weil sie uns nicht dort beließen schlichen wir durch die vielen Menschenbeine bis ganz nach vorne wo man kauernd durch die Ritzen der Bretter lugend die Rennfahrer ganz nahe sah. Gespannt warteten wir auf den Start. Die Fahrer neigten die Motorräder zur Seite, daß das Hinterrad knapp über dem Boden blieb, die Motoren heulten auf, das Gummiseil sprang in die Höhe, die Räder drangen in den Schotter spritzten staubend den Untergrund nach hinten und setzten sich in Bewegung eine riesige Wolke aus Staub und Abgasen hinter sich lassend.

Klar wollten wir damals alle Rennfahrer werden und mindestens so gut wie Hollaus, Schneeweiß oder eben mein Idol, Fritz Dirtl.

Leider verunglückte er 1956 in einem Rennen tödlich und ich weiß noch, daß ich deshalb geweint habe als ich es erfuhr.

Einmal, ich erinnere mich genau, war ich während des Rennens nicht auf der Rennbahn. Ich erachtete etwas anders für wichtiger.

Franzi, der jüngste Sohn der Gradingers hatte die Aufgabe übernommen den Hof und die große Wiese hinter dem Haus, die kurzfristig zum Parkplatz umfunktioniert wurde, zu bewachen und ich half ihm dabei. Da standen viele Autos und noch mehr Motorräder mit und ohne Beiwagen. NSU, Horex, Triumph, Jawa, EMW, DKW, Norton, BMW, ja sogar eine Zündapp aus oder vor dem Krieg. Das sind die Marken die ich behalten habe, aber es waren sicher noch viele mehr.

Franzi hatte es mir prophezeit, wir würden unseren Spaß haben wenn wir mit den Motorrädern spielten. Er hatte bereits Vorkenntnisse wie ich bald merken sollte.

Elektronik gab es an den Motorrädern noch nicht und waren daher nicht sonderlich schwer zu starten. Bei manchen genügte ein Nagel den man oben in den Scheinwerfer der das Zündschloss beherbergte, drückte, dann den Starter heruntertrat und schon tuckerte der Motor los. Wir probierten herum während die Besitzer nichts ahnend dem Rennen zusahen. Es machte Spaß Gas zu geben und die Auspuffe qualmten was uns noch mehr Ansporn war es an weiteren Motorrädern zu versuchen. Jedes Motorrad machte ein eigenes anderes Geräusch und wir hatten unser Vergnügen dabei fast alle auszuprobieren die wir starten konnten. Gefahren sind wir natürlich damit nicht. Dazu waren wir beide noch zu klein.

Sehe ich heute im Fernsehen gelegentliche Berichte über Speedwayrennen habe ich seltsamerweise sofort jenen aufregenden Geruch von damals in der Nase und höre die aufheulenden Motoren auf der Rennbahn.

Das neue Jugendheim

An die Errichtung des Jugendheims erinnere ich mich noch gut. Aus Sammlungen, Spenden und freiwilligen Arbeitsleistungen von vielen wurde in den 1950er Jahren ein Jugendheim errichtet. Viele freiwillig arbeitende Männer hoben nicht weit von der Hauptschule entfernt ein Fundament aus. Nach einigen Wochen wurde allmählich der Rohbau eines Hauses erkennbar. Wie lange es gedauert hat bis das Jugendheim fertig war ist mir entfallen. Es kann etwa ein Jahr gedauert haben, egal, es ist nicht wesentlich. Soweit ich mich entsinne stand es unter der Ägide der katholischen Kirche.

An die festliche Einweihung kann ich mich besonders gut erinnern. In den Schulen wurden verschiedene Festaufführungen erdacht und geprobt. Jeder wurde in irgendeiner Weise angesprochen so dass man sich fast mühelos einbringen konnte.

Der Bischof des Bistums Linz – ich glaube er hieß Zauner - samt Begleitung war zur Eröffnung angekündigt und Annatant versprach mir wegen dieser Bedeutung 5 Schillinge wenn ich meine Sache gut machte. Sie sei ja so stolz auf mich weil ich vor dem Bischof auftreten würde. Dank der Texte meines Fachlehrers, dessen Namen ich nicht mehr erwähnen muss hatte ich einen unintelligenten, no na, Schüler zu spielen der seinen holprigen Aufsatz vorlas. Eine harmlose aber manierierte Sache. Der mit besonders blöden Sätzen bestückte Text war so seicht, dass darüber nicht mal die wohlgesonnensten Zuschauer schmunzeln konnten. Alle anderen Texte aus der Feder dieses Deutschlehrers waren auch nicht besser und flossen peinlich diskret und endlich im höflichen Applaus für sich bemühende Kinder versickernd über die Zeit.

Der Höhepunkt für mich jedoch war Zufall, Schicksal, ich weiss nicht wie ich es bezeichnen soll. Jener Junge der die Rolle des Schulwarts in einer Klassenszene spielen sollte hatte solch heftiges Lampenfieber vor dem Auftritt, dass er sich ständig übergeben musste. Weil ich durch häufiges blödeln während der Proben öfter aufgefallen war wurde ich kurzfristig als Ersatz für ihn eingesetzt. Der Katechet war zuerst sehr skeptisch, aber in Anbetracht der Anwesenheit des Bischhofs und keiner Alternative gab er grünes Licht. Vor meiner Stirn ein Kreuzzeichen machend schickte er mich auf die Bühne. Schweißperlen glänzten auf seiner hohen Stirn als er mir hilflos schluckend zunickte. Es ging so schnell, dass ich vergass wegen des Auftritts aufgeregt zu sein. Ich band die blaue Schürze um – das unbedingte Accessoire unseres damaligen Schulwarts - und stolperte auf die Bühne. In der bereits geweihten Halle ritt mich offenbar der Teufel als ich anfing den mit einem schweren Sprachfehler behafteten Schulwart der Volksschule zu parodieren, ja humpelte sogar wie er und machte seine Aussprüche nach.

Den vorgegebenen Text erweiterte ich um eigenes Erleben mit und durch ihn und schaffte es trotzdem keine Peinlichkeit zu erzeugen.

Ich muss ziemlich gut gewesen sein, weil auch meine Mitspieler kichern mussten was mich immer mehr in Form brachte noch einen und noch einen draufzusetzen. Die Zuschauer lachten, die Mitspieler lachten, nur ich nicht. Gnadenlos bot ich die Beobachtungen seiner Gestik und Aussprache dar. Zuerst hatten einige Zuschauer empört gezischt, andere glucksten verhalten, jeder erkannte den Mann den der Junge da oben parodierte. Meine Gratwanderung gelang. Die Lacher wurden immer lauter, selbst der Bischof in der ersten Reihe klatschte begeistert seine weißen Handschuhe aneinander, obwohl er den armen Schulwart vermutlich nicht persönlich kannte. Zum Schluss gab es tosenden Applaus für meine Bühnenleistung, den ersten und einzigen in meinem Leben. Doch gleich danach kam die Angst vor Bestrafung, denn ich wusste, dass ich weit über das erlaubte Ziel hinausgeschossen war. Aber nichts geschah, im Gegenteil.

„Ich habe den Herrn Bischof noch nie so lachen gesehen, du warst sehr gut, ihr wart alle sehr sehr gut" sagte der Katechet begeistert, strahlte mich an, strich mir sanft über den Kopf und schien unglaublich erleichtert. Das war übrigens der mit dem Tarzanheft, ihr wisst schon, aber das war erst später...

An diesem Tag, für wenige Stunden war ich wirklich herausragend was mir Annatant mit Tränen der Rührung bestätigte.

„Ganz begeistert hat er geklatscht der Herr Bischof, ganz begeistert war er..., Der Herr Bischof... also so was... mei, Bua!" Sie war sprachlos, drückte mich zutiefst gerührt an ihren unschuldigen großen Busen der mir die Luft nahm und ich war sehr stolz darauf was ich getan hatte.

Ruhm ist wie eine schnell entzündete Flamme, gibst du ihr keine Nahrung verhungert sie und erlischt. So war mein Auftritt bald vergessen. Letztlich habe ich die Behinderung eines anderen benutzt um kurzfristige Lacher zu erzeugen. Ich schäme mich dennoch nicht weil ich die begeisterten Huldigungen wirklich genossen und mich danach wie ein Profi verbeugt habe um sie entgegen zu nehmen. Das war ein schönes Gefühl.

Ich bekam von meiner begeisterten Taufpatin statt der angekündigten 5, gleich 10 Schilling die ich wie folgt anlegte: einmal S 5,- für die 21te Reihe im Kino für irgendein Film mit Hans Moser, dann S 2,- für eine große Schaumrolle und den Rest von S 3,- beim Konditor für eine unverschämt große Portion Eis mit Vanille und Schokolade.

Zu irgendwelchen Treffen oder Veranstaltungen – die hauptsächlich katholisch geprägt waren bin ich dann aber nicht hingegangen. Es blieb bei meinem einmaligen Auftritt im neuen Jugendheim.

Wochenschauler raus!

Im alten Kino, gegenüber der Hauptschule – da war ich etwa zwischen sieben und neun Jahre alt – wurden noch bei jedem Rollenwechsel die Fenster geöffnet. So entstanden immer einige Pausen bevor ein Film zu Ende war. Ich glaube mich zu erinnern, dass im Kino während der Vorführung damals noch geraucht werden durfte. Nicht wir, wir waren ja noch zu klein. Beheizt wurde das Kino durch einen runden Kanonenofen der oft prasselte wenn Holz nachgelegt wurde und das konnte auch während des Films sein. Das Innere des Kinos war dunkelrot. Auch die Fenster waren mit dunkelroter Farbe oder mit Stoff bezogen.

Es gab die Möglichkeit für 20 Groschen die Wochenschau zu sehen und davon machten wir Kinder reichlich Gebrauch. Vorfilme oder Trailer, wie man heute sagt gab es noch nicht, auch die Kinowerbung steckte noch in den Kinderschuhen, das heißt, es gab noch keine. Nach dem Ende der Wochenschau ging das Licht an und ein Ruf ertönte

„Wochenschauler raus!"

Weil wir in den sogenannten 'Rasiersitzen' Platz nehmen mussten – 'Rasiersitze' nannte man die erste und zweite Reihe kurz vor und fast unter der Leinwand, weil man nur mit hochgerecktem Kinn, wie beim rasieren saß. Ganz vorne war die Übersicht gegeben, dass keiner der dort Platz nahm sich in den Hauptfilm schwindeln konnte. Wir verließen nach diesem Kommando artig das Kino und konnten den Text der stets gleichen Ankündigung bald auswendig, übernahmen ihn in unsere Art zu spielen und skandierten die Worte bei jeder sich bietenden Gelegenheit.

'Wir bringen ihnen das Interessanteste und Aktuellste, aus allen Ländern der Erde, in Bild und Ton, FOX- tönende Wochenschau' Auch heute kann ich die Männerstimme und die Fanfaren dazu aus dem Gedächtnis abrufen ohne im Text zu stocken.

Weltpolitische Ereignisse wurden gebührend und in erstaunlich schöner Sprache gewürdigt. Namen wie 'Eisenhower', Stalin, Churchill, Konferenzen für Frieden, Adenauer, Kaiserin Soraya samt Schah, König Faruk, irgendwelche Traumhochzeiten vom Fürsten irgendwer mit irgendwem und sonstige Berichte über Automobilausstellungen, Modeschauen usw. waren Inhalt der Wochenschau. Für mich zählte: Es gab eine Welt ausserhalb dieses Ortes und die war gross, aufregend gross und wurde mir auf diese Weise näher gebracht. Ich liebte es diese Wochenschauen zu sehen. Manchmal gab es eine länger als eine Woche. Wen störte es sie einige Male zu sehen. Allein die Spannung zu haben wenn das Licht ausging und die bewegten Bilder auf der riesigen Leinwand erschienen war für mich jedes mal ein echtes Erlebnis.

Fussball oder Schifahren kam meiner Erinnerung nach immer vor, andere Sportarten fanden leider nur selten Erwähnung.

Erst zögernd waren in diesem einzigen Kino des Ortes amerikanische oder französische Filme im Angebot. Westernfilme spielte man gar nicht. Hauptsächlich gab es unverfängliche Filmchen die vor dem Krieg entstanden waren oder dann die Flut von so genannten Heimatfilmen wie sie bis Mitte der 50er gedreht wurden. Man zeigte den Kriegsverlierern, dass ihre Heimat schön und lebenswert war und sie die blutigen Ausflüge in andere Länder vergessen sollten. Auch die Musik handelte von der Heimat und die 'Negermusik' - wie sie gerne genannt wurde - fand im Staatsfunk zunächst ohnehin keinen Platz.

Der erste Film den ich zusammenhängend sah – also bei dem ich nicht nach der Wochenschau hinaus musste – war: 'Die Wüste lebt'. Ein Film der mich heute noch begeistert.

Danach sah ich eine Reihe von Heimatfilmen die mich nicht nur wegen der Sprache damals bereits eigenartig berührt haben, sondern auch die einfallslose Machart nach immer den gleichen Klischees aus Groschenromanen. Selbst der sonst pfundige Luis Trenker war in diesem Genre keine Ausnahme.

Denn wenn Sennerinnen hanseatisches deutsch sprachen, Fiakerfahrer und andere rein österreichische Berufsstände akzentfreies hochdeutsch redeten fand ich das kaum authentisch. Viele der zu Unrecht hochgelobten Schauspielergrössen waren im Grunde unter dem Mittelmass und ich empfinde die Selbstdarstellerischen Leistungen unter anderen eines O.W. Fischer der ja eigentlich nuschelte noch heute peinlich. Gottlob spielt man Filme mit ihnen heute kaum bis garnicht.

Wenn unsere Elterngeneration solch mangelhafte Darbietungen positiv beurteilt hat, dann muss man auch ihre Verklärung für einen Spinner wie Hitler und dessen Vasallen in anderem Licht sehen. Wer drittklassige Schauspieler verehrt und zulässt hatte vermutlich hochgradig gestörte Qualitätsansprüche.

Goisern

Meine Mutter stickte in jedes Taschentuch, in mein Hemd, in die Socken, in den Pullover und die Unterwäsche die Zahl 27 ehe sie meine Habseligkeiten in einem kleinen Rucksack, den wir beim Nachbarn geborgt hatten, verstaute. Der Grund war, dass ich zur Erholung – wie man das damals nannte – drei Wochen in ein Jugendheim nach Goisern geschickt wurde. Sieben oder acht Jahre alt muss ich gewesen sein als ich zugewiesen wurde an einer Kinderverschickung teilnehmen zu dürfen. Das war überraschend, denn solche Privilegien erhielten sonst nur überwiegend Angehörige von alten Seilschaften aus der NS-Zeit. Kann sein, dass sich die Kumpanei meines Namensgebers und dessen Gefälligkeiten in gemeinsamer Gefangenschaft für die örtliche Naziprominenz in dieser Weise niederschlug und ich deshalb in solcher Weise bevorzugt wurde. Ich machte mir darüber keine Gedanken, freute mich auf das Kommende.

Am Bahnhof Obernberg zu dem mich die Mutter brachte bestieg ich nach vielen Ratschlägen und Ermahnungen nebst herzlicher Verabschiedung den Zug nach Attnang-Puchheim. Der freundliche Schaffner den ich auf Geheiß meiner Mutter nach dem weiteren Vorgehen befragte erklärte mir wohin ich in Attnang-Puchheim zu gehen hatte. Nach Wien war Attnang-Puchheim der größte Bahnhof den ich bis dahin gesehen hatte. Dort fand ich mich ohne Probleme zurecht und bestieg den Zug nach Goisern.

Heute erst wird mir bewusst, dass ich als Junge viele Zugfahrten ganz allein gemacht habe und keinerlei Angst dabei verspürte durch die weite Welt zu reisen. Im Gegenteil, ich fand es jedesmal spannend. Keine zehn Jahre war ich alt und fuhr allein zum Beispiel, einige male nach Wien, nach Vorarlberg, Linz, Salzburg. Heute erstaunlich, denn nie ist mir während dieser Reisen irgend etwas negatives geschehen.

Am Bestimmungsbahnhof wurden wir Kinder von männlichen und weiblichen Erziehern erwartet und übernommen. Alles schien sehr organisiert und wurde entsprechend routiniert abgewickelt.

Man brachte uns mit einem Bus in ein Jugendheim, meiner Erinnerung nach war das eine ehemalige Kaserne der Wehrmacht neben einem Schloss oder großem Hotel und wurden dort gut behandelt. Doppelstockbetten in Schlafsälen für je dreißig bis vierzig Buben. Es roch nach Karbol und leicht nach Urin, aber machte insgesamt einen sauberen Eindruck.

Nähere Freundschaft zu anderen Jungens entstand nicht. Es war eher eine freundliche Zweckgemeinschaft ohne bemerkenswerte Herzlichkeit. Darum fehlen mir heute Gesichter und Erlebnisse.

An das Essen erinnere ich mich ziemlich genau. Eintopfgerichte, darunter viele Erdäpfelgerichte, meist zerkochtes Gemüse und als Jause immer Semmeln mit Marmelade. Bei uns zuhause gab es zumindest Margarine ehe die Marmelade auf das Brot kam. Margarine gab es aber nicht und Butter schon gar nicht. Daher schmeckte die Semmel mit der Marmelade stets trocken, ungewohnt. Auch daran kann man sich gewöhnen.

Drei Wochen durfte ich bleiben. Heimweh hatte ich zu keiner Zeit, darum habe ich auch nicht wie einige andere Briefe nach Hause geschrieben.

Meine Mutter prägte bei meiner Rückkehr in diesem Zusammenhang einen Satz den ich in gewisser Weise in mein weiteres Leben übernommen habe. „Wenn ein Kind was braucht meldet es sich, wenn man nichts hört geht es ihm gut" Damit hat sie selbst meine Schreibfaulheit für sich beantwortet.

Ein nennenswertes Erlebnis gibt es aber doch. Im Hotel oder Schloss waren die damaligen Wiener Sängerknaben untergebracht. Auf dem Fussballplatz traf man sich zufällig und wir machten uns ein Fußballspiel aus. Das haben wir dann gegen die geschniegelten Zuckerbubis, zuerst nannten wir sie Feind, haushoch gewonnen. Vermutlich waren wir, die wir ausnahmslos vom Land kamen neidisch auf die wohlerzogenen Z.... daher die abfällige Bezeichnung. Ich war im Spiel als Rechtsaussen recht gut. Ein Tor gelang mir allerdings nicht. Eine Revanche fand aber nicht statt weil die Z.... aus Wien schon am nächsten tag zu einem Auftritt fuhren und nicht mehr wiederkamen.

Schöne Wanderungen haben wir gemacht, Pfeil und Bogen geschnitzt, spielten in unglaublich schöner Natur Räuber und Gendarm. Von den Cowboys und Indianern wussten wir bis dahin kaum etwas, aber anders abgelaufen wäre das Spiel deshalb auch nicht. Ausser, dass die bösen vermutlich nicht die Indianer gewesen wären.

Dann ging die unbeschwerte Zeit dem Ende zu und mir schien sie viel zu kurz. Ein letztes Mal spielten wir Räuber und Gendarm. Den Bogen und die Pfeile habe ich vor der Heimreise wie die anderen auch in den Büschen oben beim Wald versteckt um sie später wieder einmal nutzen zu können. Wie sinnlos das war ahnte ich bereits beim verbergen, dennoch habe ich es getan weil ich hoffte bald wieder hier sein zu können. Naja, Logik war wohl nicht meine Sache.

Viele Jahre später, als Erwachsener bin ich wieder in Goisern gewesen und erinnerte mich an die schöne Zeit. Es hat mich interessiert ob die Pfeile und der Bogen noch an gleicher Stelle lagen. Natürlich waren sie nicht mehr da, aber ich bin mir fast sicher, dass sie keiner weggenommen hat. Solche Dinge können viele Jahre nicht unbeschadet überstehen. Was hätte ich auch mit ihnen angefangen? Es war wirklich nur Neugier die mich nachsehen ließ. Die selbstgebastelten Utensilien verwittern durch Stürme und Regen. Trotzdem war nach so vielen Jahren eine kleine Hoffnung da. Wie war das mit der Logik?

Nur die Erinnerungen sind keinem Wetter ausgesetzt.

Film in der Schule

Spannend fand ich wenn im Klassenraum ein Film gezeigt wurde. Es geschah selten und natürlich waren die damals gezeigten noch schwarz weiß. Ton hatten sie auch keinen. Statt eines Tones wurde Zwischentext eingeblendet. Manchmal waren sie in einer Sprache die man zwar lesen konnte, aber nicht verstand. Wenn der Film sich nicht selbst erklärte wusste man eigentlich nicht worum es ging.

Bei den Vorführungen hielt meist auch der zuständige Lehrer den Mund, das fand ich immer sehr angenehm, denn so ließen die Bilder eigene Fantasie zu.

Harmlos waren diese Filme allemal. Oft waren es Einzelbilder von Puppenfiguren in Szenen die, wenn man sie dann im Projektor abspielte, Bewegung simulierten. Das Angebot an geeigneten Kinder- bzw. Jugendfilmen war qualitativ äußerst dürftig, quantitativ nicht der Rede wert. Aus der Hitlerzeit gab es zwar genügend, waren aber damals wegen bedenklicher Inhalte vorübergehend nicht mehr schultauglich. Im Prinzip war solch ein Puppenfilm wie jene Taschenkinos die wir uns selbst bastelten, er dauerte nur viel viel länger. Taschenkinos das waren auf einen Stoß geschichtete Blätter die man später an einer der Seiten zusammenband. Auf jedem der Blätter waren Figuren gemalt die ihre Position oder Bewegung auf dem folgenden Blatt leicht veränderten. Ließ man nach der Fertigstellung die Blätter in gewissen Abständen leicht abrollen entstand Bewegung wie in einem Film. Manche meiner Mitschüler brachten richtige Meisterwerke zustande. Wichtig war dabei, dass man die Form der Figuren möglichst beibehielt und gleiche Farbstifte dazu verwendete. Ich kann mich erinnern, dass jeder so ein Ding in der Hosentasche hatte. In den Pausen steckten wir die Köpfe zusammen und bestaunten die unterschiedlichsten Bewegungsabläufe der überwiegend mit Strichmännchen gezeichneten Taschenkinos.

Einer der in der Schule gezeigten Filme handelte von Vögeln die Unterkunft suchten, ein anderer von den Alpen und Bergsteigern. Manche hatten sogar Handlung, auch Theaterstücke die aber kaum verstanden wurden weil die eingeblendeten Texte viel zu schnell verschwanden. An den 'Rattenfänger von Hameln' erinnere ich mich genau, weil eine hübsche junge Dame mitspielte in die ich mich auf der Stelle verknallte weil sie so unschuldig schön war.

Das spannendste an dem ganzen Prozedere aber war, dass eine Leinwand vor der Tafel aufgestellt wurde. Im hinteren Klassenraum war ein Projektor aufgebaut mit Büchern als Unterlage für die Justierung auf die Leinwand. Von den Lehrern wurden mit wichtiger Miene Spulen daran befestigt. Eine volle und eine leere. Dann wurde der Film eingefädelt, ein wenig vorgespult und dann die Vorhänge zugezogen. Finster war's und wir warteten gespannt auf das losrattern des Projektors. Am Anfang tanzten über die Leinwand einige Buchstaben und Zeichen als hätte sie jemand hingespuckt. Dann kam der Vorspann und dann ging es los. Das Geschehen auf der Leinwand fesselte mich immer, egal wie seicht die Filmchen waren.

Wir saßen auf den Bänken, manche weiter vorne auf dem Boden. Einige Mitschüler meinten im Schutz der Dunkelheit Unfug machen zu müssen. Das zog unweigerlich die Hinausweisung nach sich. Ich wartete immer auf das Schlüsselerlebnis bei solch einem Film, aber es gab keines.

Das war die Zeit in der mich das bewegte Bild zu interessieren begann. Weil ich aber für jeden Film noch zu jung war, musste ich mich darauf beschränken für 20 Groschen die Wochenschau anzusehen.

Neben den bereits erwähnten Taschenkinos falteten wir unterschiedlichste nachempfundene Gebrauchsgegenstände zu deren Gebrauch man allerdings entsprechende Fantasie einsetzen musste.

Dabei denke ich besonders an den Fotoapparat. Hierzu benötigte man wohl die grösste Menge an Fantasie. Es handelte sich um zwei eng gefaltete Papierblätter. Als letztes wurde daran ein weiteres Blatt mehrmals längs gefaltet durch eine Schlaufe geführt. Zog man an diesem Streifen klappte das kleine Quadrat nach oben. Das simulierte den Klick des Auslösers. Natürlich konnte man damit keine fotografischen Aufnahmen machen, Fantasie eben...

Dann die Ziehharmonika. Tatsächlich konnte man damit das Prinzip einer Harmonika verstehen lernen. Findige klebten an den beiden Enden die damals so beliebten billigen winzigen Mundharmonikas hinein und entlockten der einfachen Konstruktion sogar Töne.

Was haben wir noch gebastelt, Ach ja, Himmel und Hölle. Ich glaube das gibt es sogar heute noch als Origami. Eine eigen Falttechnik erlaubte das Aufklappen des blauen Himmels und/oder der roten Hölle. Dabei wurde irgendein Spruch geleiert den ich aber vergessen habe.

Den Wunsch eine eigene Fotokamera zu besitzen hatte ich nicht und das hat nichts mit dem Vergleich und der Maßlosigkeit heutiger Prägung zu tun. Die Bedürfnisse waren in jener Zeit ganz einfach andere.

Was mich jedoch an den Filmen die ich als Kind sehen durfte von Beginn an störte war, dass mein Wissensdurst unbefriedigt blieb. Begann mich eine Szene zu interessieren, dann war sie zu Ende, wurde über- oder ausgeblendet. Als Beispiel fällt mir ein, wie in irgendeinem Film die Mäuse zu Abend essen werden. Werden deshalb, weil vor der Ausblendung ein gedeckter Tisch mit Tellern, Gabeln und Messern erschien und die Mäuse sich voll Vorfreude die Pfötchen reiben. Auf einem kurz eingeblendeten Bild war noch eine Maus mit dem Besteck in den Fäustchen vor einem Teller sitzend gezeigt. Ich hätte gerne gesehen wie jene Mäuse Messer und Gabel benutzen. Ich weiss es war nur symbolisch gemeint, dennoch hat mich gestört, dass es ausgespart wurde.

Besonders interessant hätte ich die bildhafte Auflösung des speisenden Pferdes gefunden. Das Pferd saß mit einer riesigen Serviette um den Hals an einem gedeckten Tisch, leckte die riesige Zunge ums Maul und hielt mit den Hufen Messer und Gabel. Auch hier wurde vor der wirklich lehrreich scheinenden Visualisierung der darzustellenden Speisetätigkeit ausgeblendet. Der Verdacht liegt nahe, dass es sich beim Regisseur des Mäusefilms und den mit dem Pferd um ein und dieselbe Person gehandelt hat.

Der Herr Klassenlehrer

Den kann ich euch nicht ersparen, denn der war so anders als all eure jetzigen und künftigen Lehrer zusammen und dann müsstet ihr noch im Müll suchen...

Dögl hieß er, nomen est omen. Dögeln nennt man im Dialekt prügeln, darin war er ein Meister. Er drosch drauflos wann es ihm gefiel. Heute ist solch ein Typ unvorstellbar. Aber macht euch selbst ein Bild.

Er verkörperte was ich auf Grund meines Umfeldes nicht erreichen konnte. Heimat, Zugehörigkeit, Sicherheit.

1954, neun Jahre nach dem 2. Weltkrieg, er war in der Hauptschule mein Klassenlehrer. Blondgelockte Haare, blaue Augen. Meiner Erinnerung nach trug er stets eine Bundlederhose aus der bestutzte stramme Beine ragten, Immer überlegen wirkend, etwa Anfang bis Mitte 30 Jahre. Vom Verhalten und Aussehen ein sogenannter klassischer Arier, nein, den gibt es ja nicht, aber ihr ahnt was ich meine. Allerdings haperte es beim ‚Vollarier' an der Körpergrösse. Vielleicht ist dieser Umstand schuld daran dass er diesen vermeintlichen Makel durch besonders brutal wirkende Aktivitäten ausgleichen wollte. Mir ist nicht bekannt ob er sich wegen seiner Kleinheit besonders in Szene setzte oder ob es ein verquerer Geltungsdrang war der in uns Schülern ein Ventil fand.

Dögl bestand darauf, dass einer der Schüler an der Klassentüre Posten bezog der laut „Achtung!" brüllte bevor er die Klasse betrat. Wir hatten militant stehend mit den Händen an der Hosennaht seinen Auftritt zu umrahmen. Nur ein weiterer Lehrer – bei dem wir vertretungsweise Mathe hatten und der eigentlich mit seiner blonden Halbglatze samt Brille harmlos aussah - bestand ebenfalls auf dieses militärähnliche Gebrüll. Der war auch so ein spezielles Lehrerfrüchtchen, seinen Namen habe ich vergessen, aber nicht wie er sich gab. Er lümmelte während des Unterrichts auf dem Katheder herum, schimpfte unflätig, dass wir alle sowieso nur Ausschuss seien und er uns sozusagen gnadenhalber unterrichten würde. Der war es auch der mir vorsätzlich einen Tritt in den Allerwertesten verpasste, als ich über die Schultasche gebeugt nach einem Lineal kramte. Danach grinste er hämisch mit hochgezogenen Augenbrauen, tat als sei nichts gewesen. Die anderen Lehrer waren liberaler und legten keinen Wert auf Drillgehabe. Die Lehrerinnen lehnten das Auftrittsgetue überhaupt ab und ermahnten uns dies bei ihnen zu unterlassen.

Dögl mochte mich nicht. Punkt! Nie wieder habe ich, auch später unter allerlei misslichen Umständen, eine derart starke Abneigung eines anderen Menschen mir gegenüber erlebt. Aus mir unerfindlichen Gründen lehnte er mich ab und gab mir dies jederzeit deutlich zu erkennen. Ich litt darunter, denn ich fand ihn - nicht zuletzt, oder gerade wegen seiner Zugehörigkeit zu dem was ich mir sosehr wünschte - sympathisch, buhlte beinahe um seine Gunst, aber es gelang mir nie einen Funken von Zuwendung zu erlangen.

Ich mochte wie er sprach, sich bewegte, lächelte. Aber er lächelte mich nicht an. Wenn er es tat, dann eher mitleidig überlegen, wie einem Hund dem man versucht hat das apportieren beizubringen und der sich ungeschickt anstellte.

Seine offensichtliche Ablehnung mir gegenüber gipfelte eines Tages in der Beschuldigung, ich hätte aus der Umkleidekabine des Freibades in dem er nebenberuflich Bademeister war, die Armbanduhr eines Schulkameraden gestohlen. Vielleicht untermauert durch den Umstand, dass ich nicht gefirmt war und somit noch keine Armbanduhr mein Eigen nennen konnte. Eine wichtige Sache für einen Jungen in jenen Tagen. Er beharrte darauf, dass ich der Täter sei, ignorierte mein flehen unschuldig zu sein und hatte kein Problem damit diese Anschuldigung vor meinen Schulkameraden mehrmals zu wiederholen. Er stellte mich bloss wann immer er wollte. Eine Zeitlang kam mir vor, als würde ich deshalb von den Kameraden ausgegrenzt, aber das hielt nicht lange an. Kinder haben ein Gespür für zugefügtes Unrecht. Bis heute weiß ich nicht ob die Uhr tatsächlich von irgend jemand gestohlen wurde, sich möglicherweise wieder eingefunden hat, oder sie überhaupt jemals existiert hatte.

Als ich zuhause erzählte, dass Dögl mich verdächtigte eine Uhr gestohlen zu haben schüttelte meine Mutter traurig den Kopf und weinte wieder einmal ob der Hilflosigkeit die in diesem Lande ungeahndet erzeugt wurde. 'Nazignom' flüsterte sie kaum vernehmlich. Helfen die Verdächtigung zu beseitigen konnte sie mir nicht. Dögl war 'Dasiger', wir nur 'Zuagraste'. Das schien einen Unterschied zu machen. Wie hätten sie rechtliche Schritte gegen diesen Arierzwerg einleiten können? Es gab keine Möglichkeit dazu. Ich blieb weiterhin seiner Willkür ausgesetzt. Mein Stiefvater – der damals ja noch immer Staatenlos war - meinte sanft, dass mein Leid nur noch kurz währen würde, bald seien wir in einem Staat in dem solche Gemeinheiten und Anschuldigungen undenkbar seien. Ich sehnte die Übersiedlung herbei, betete jeden Abend, dass es bald geschehen möge.

Von nun an verpuffte seine Ungerechtigkeit an meiner zunehmenden Verstocktheit und mangelnder Kooperation. Ich konnte mir nicht verkneifen zu raunen: „Ich bin nicht mehr lange da!" Wieder und wieder wärmte er die unselige Geschichte auf und weidete sich scheinbar an meiner Hilflosigkeit dem entgegen treten zu können. Am Unterricht nahm ich nun kaum mehr teil. Im Herbst sollte es endlich soweit sein. Prompt bekam ich die Quittung dafür, ich hatte in Mathe eine fünf und wurde zum erstenmal nicht versetzt. Meine beginnende Pubertät stärkte meinen kindlichen Widerspruchsgeist zusätzlich und ich wandte mich vollends von ihm und der Gunstsuche zu ihm ab. Mit der Aussicht seiner Willkür bald nicht mehr ausgesetzt zu sein erreichte er mich deshalb überhaupt nicht mehr. Wie auch immer er versuchte mich zu demütigen prasselte - je näher der Herbst kam - an mir ab wie Wassertropfen auf einer Wachsdecke. Ich habe seiner ständig schwangeren Frau - ebenso klein wie er – am vorletzten Tag meines Aufenthalts im Ort über den Zaun zugerufen, dass ihr Mann ein hirnloser Nazignom sei und ihre Kinder bedauernswert seien solch einen Vater zu haben. Das war nicht schön, zugegeben, aber ich wusste dass er keinen Einfluss mehr auf mich haben würde. Was er tun konnte um mein Leben zu versauen, hatte er mit Inbrunst getan und dass er meine Mutter immer wieder mit mir zugefügten Ungerechtigkeiten zu Tränen gebracht hatte, verzieh ich ihm nie.

Zwei dieser Dinge aus der Uhrengeschichte haben mein Leben nachhaltig beeinflusst.
Zum Einen mein Verhältnis zu Armbanduhren. Ich habe erst im fortgeschritten Alter zugelassen, dass man mir eine Armbanduhr schenkt. Ich hätte mir aus eigenem Antrieb keine gekauft. Und zum Zweiten, wenn ich zufällig anwesend war wenn jemand etwas Fehlendes als gestohlen bezeichnete, dann war ich sofort betulich bemüht mich als unschuldig an dem Verschwinden zu präsentieren. Das führte manchmal zu grotesken Situationen. Niemand verdächtigte mich, aber weil ich sosehr darauf bestand unschuldig zu sein, machte mich das verdächtig.
Eine sinnlose Lebenshürde die Herr Klassenlehrer Dögl leichtfertig aufgestellt hat.

Er lebt vermutlich nicht mehr, aber er hatte sicher viele Jahre eine Rente in der ihm seine Nazizeit angerechnet wurde und sein Naziverhalten in der Epoche nach dieser Zeit auch. Warum sollte er keine Rente haben? Sie stand ihm ja zu, aber weniger fett und seinem kärglichen menschlichen Niveau angemessen. Das wäre gerecht und der Lohn für seine pädagogische Höchstleistungen. Solche Gerechtigkeit gibt es jedoch nicht. Dieser mein Zorn auf den Zwerg verpufft somit wirkungslos.
Über viele Jahre hatte ich Vorstellungen wie ich ihn für seine pädagogischen Entgleisungen bestrafen würde wenn ich die Gelegenheit dazu hätte und bin am Schluss zu der Überzeugung gelangt, dass er – um in seinem Terminus zu bleiben – unwert ist, sich mit ihm auseinander zu setzen. Er steht für eine hinterlistige Clique, die sich geschützt von Seilschaften einnisten und an exponierter Stelle Kinder ungestraft malträtieren konnte.
Meine Gedanken an ihn erzeugen keine Abscheu mehr, nur Bedauern dass ich ihm begegnet bin.

Kirtag

Jedes Gasthaus hatte zu einem bestimmten Termin im Jahr Kirtag. Das war keine Veranstaltung an der Kinder Freude gehabt hätten weil die Festlichkeit nur Erwachsene betraf und keinerlei Belustigung für den Nachwuchs vorsah. Auch hatte es für mich erkennbar nichts mit irgendeiner Kirche oder einem Patron zu tun. Wahrscheinlich aber schon, denn ich erinnere mich als ich noch kleiner war, dass die Leute in Tracht waren und Frauen am Sonntag zur Kirche die kunstvoll gearbeiteten Innviertler Goldhauben trugen. Das kam aber im Lauf der Jahre immer seltener vor. Der Kirtag eines Gasthauses ist ein offensichtlich alljährliches Fress- und Sauffest.

Der Vermieter unserer winzigen Behausung hatte vor einem ihrer jährlichen Kirtage die Fassade des Gasthauses renovieren lassen. In großer Kurrentschrift hatte ein Maler das Haus beschriftet. 'Joseph Gradinger Gasthaus' stand in dunkelbrauner Farbe darauf. Das Haus wirkte sauber.
Ein um wenige Jahre älterer fremder Junge fragte mich was diese Schrift bedeutete. Heißt das: „Joseph Gradinger Gotteshaus"? Nein „Gasthaus" verbesserte ich mild lächelnd und wunderte mich, dass er es nicht lesen konnte. In meiner Schule lernten wir kurrent zu lesen und sogar zu schreiben.

Bauern, Gastwirte, Geschäftsleute kamen zu einem Kirtag, aber natürlich auch sonstige Leute mit mehr oder weniger Bedeutung ließen sich die ländlichen Schmankerl nicht entgehen. Man aß, trank und unterhielt sich. Frau Gradinger saß in der Küche und notierte in ein dickes speckiges Buch wer der wichtigen Besucher was gegessen hatte. Sollte derjenige dann seinerseits Kirtag haben, dann würden die Gradingers bei ihm ähnliches oder gleichwertiges verzehren. So habe ich es verstanden. Sie führte genau Buch darüber und die Kellnerinnen kamen zuerst zu ihr, nannten die Bestellungen, warteten bis sie die Einträge gemacht hatte, ehe sie die Bestellungen an die Köchinnen weitergaben.
Der Gastgarten war jedes Mal brechend voll. Gläserklirren, laute Gespräche, Lachen, Essensdüfte und Betriebsamkeit erfüllte den Tag bis spät in die Nacht. Marietant war manchmal als Köchin angeheuert und waltete souverän ihres Amtes. Schnitzel schwammen im Schmalz bis sie knusprig braun waren, Hühner brutzelten in den Backrohren. Schweinsbraten, Schweinshaxen, Kalbsbraten, Knödel, Gulasch (a Golasch), die ganze Palette der ländlichen Festtagskost war am Kirtag auf der Speisekarte. Es wurde reichlich bestellt und ebenso verzehrt.
Franz - der jüngste Sohn des Hauses - und ich schleppten Holz für die Herde auf denen viele Töpfe standen mit denen Marietant und ihre Helfer

ständig etwas zu tun hatten. In der Küche war es daher nicht nur sehr warm sondern die verschiedenen Speisen vermischten ihre Gerüche in- und miteinander und durch die verschiedenen Dämpfe war eine stickig feuchte Luft entstanden die selbst im Hochsommer die Fenster mit Kondenswasser beschlug.

Meine Mutter wusch im Stiegenhaus vor der Küche in einem Bottich Teller ab und wurde dafür mit Naturalien entlohnt. Das heißt, sie bekam für ihre Arbeit eine Mahlzeit. Erbärmlich sah sie aus wenn wieder ein Stapel schmutzigen Geschirrs vor ihr aufgetürmt wurde. Sie ließ sich nicht unterkriegen. Pausenlos widmete sie sich den Tellern und Bestecken. Nur gelegentlich wischte sie sich eine immer wieder herabfallende Haarsträhne aus dem verschwitzten Gesicht.

Sie erhielt neben der Mahlzeit für den Tag und Abend 8 Schilling die der stets rückständigen Miete angerechnet wurden. Das entsprach etwa einem Viertel der Monatsmiete. Ein Kilo Brot kostete damals 3 bis 4 Schilling, nur damit ihr einen Anhaltspunkt zum Wert dieser Arbeit habt. Die alte Gradinger schikanierte sie immer wieder indem sie behauptete die Teller seien nicht sauber genug. Ich verstand das alles nicht. Nicht warum die Wirtin so gemein zu meiner Mutter war und auch nicht das Verhältnis von Marietant zu meiner Mutter die sie zu negieren schien. Marietant tat so als sei meine Mutter nicht vorhanden und das schmerzte mein Rechtsempfinden. Wirklich rückhaltlose Freude kam bei mir daher nicht auf. Es machte mich trotz meines zu erwartenden vollen Magens traurig, dass meine Mutter geduldig, aber mit gewissem Stolz in ihrer Haltung die Schikanen ertrug während sie fortgesetzt gedemütigt wurde.

„Kümmere dich nicht um mich, mir geht es gut. Ich möchte, dass du satt wirst!" raunte sie mir augenzwinkernd zu.

Nun ja, meine Mutter war von meinem physischen Vater geschieden, stammte zudem noch aus Norddeutschland und lebte mit meinem Stiefvater, einem staatenlosen Volksdeutschen in einer nicht sanktionierten Lebensgemeinschaft. Das heißt sie waren nicht verheiratet und meine Schwester war schon geboren. Scheinbar zu jener Zeit auf dem Land ein Sakrileg.

Wenn Marietant in der Küche war, dann war der Kirtag beim Gradinger für mich ein Satt-Esstag. Wenn die alte Gradinger manchmal den Raum und ihr Buch verließ um neue wichtige Gäste zu begrüßen, schob mir Marietant augenzwinkernd allerlei Köstlichkeiten zu die ich eilig verschlang.

„Iss Bua" sagte sie und gab mir dann noch offiziell ihr Personalessen in Gegenwart der verbissenen Frau die das missbilligend registrierte, aber aus Respekt vor der resoluten Hauptköchin nichts dazu sagte. Als ich meiner Mutter davon etwas hinaus bringen wollte schüttelte Marietant leicht den

Kopf und deutete mit dem Neigen des Kopfes auf die Gastwirtsfrau. Es wäre unpassend gewesen und ich begriff.

Das klingt jetzt alles so als sei ich ein Nimmersatt gewesen der ständig Hunger hatte. In gewisser Weise stimmt das. Zwar habe ich keinen Hunger gelitten wie andere damals, aber genug gegessen habe ich als Kind nicht so oft. Ein Sattgefühl kenne ich als Kind nur wenn ich bei den Tanten war oder am Kirtag mit Marietant in der Küche. Bei uns zuhause war ganz einfach manchmal wenig zum essen da, aber Brot ohne irgendwas dazu sättigte auch.

Oft habe ich mich gewundert warum Frau Gradinger ausgerechnet Marietant für die Küche engagiert hatte obwohl sie ihr hinter ihrem Rücken abfällig den Titel einer bigotten Betschwester verliehen hatte und ihr offenbar nicht freundlich gesonnen war. Was ich erst viel später erfuhr war, dass Marietant ein Küchenwunder war. Sie kannte keinen Stress und erledigte ihre Arbeit stets mit Übersicht, Können und Auszeichnung. Sie war eine der gefragtesten Köchinnen der Gegend überhaupt und bis dahin weit in der Welt herumgekommen.

Frau Gradinger habe ich als böse Frau in Erinnerung. 'Gsindel' seien wir alle 'Zuagraste Hobnixe' sagte sie häufig und nahm uns Kinder davon nicht aus. Sie hielt nichts von Fremden und teilte ihre Ansicht gefragt und ungefragt jederzeit mit. Zu den Dasigen zählten wir alle nicht, daher konnte sie den Mund leicht vollnehmen.

Einmal hörte ich sie sagen – und das empfand ich als Seitenhieb auf meine 'Tanten'

„In'd Kiachn geh i wann i oid bin und die Zeit dazua hob"

Jahre später als Erwachsener habe ich sie noch einmal gesehen als sie vom Krebs gezeichnet unter einem großen schwarzen Hut ihr schütteres Haar verbergend zur Kirche schlurfte und mich damit an ihren Ausspruch erinnerte als sie noch keine Zeit für ihren Gott hatte. Die übrige Zeit verbrachte sie in der Gaststube mit zitternden bläulichen Lippen in einem Andachtsbuch lesend.

Je später es abends wurde umso mehr Bier war getrunken. Der Höhepunkt des Kirtags war dann bereits überschritten. Nicht selten verkleinerte der Alkohol gelebte Hürden und nüchterne Barrieren. Manchmal wurde gerauft. Aber nicht so wie unter uns Kindern wenn wir Meinungsverschiedenheiten austrugen, nein, wenn Männer sich prügelten hatte es etwas endgültiges. Es erschreckte mich, dass physische Vernichtung das Ziel des Kampfes schien. Und das Wuchtgeräusch wenn Fäuste auf Knochen trafen, Tritte auf Körper prallten, Zähne brachen und lautes Männerkeuchen so ganz anders klang als bei uns Kindern wenn wir rauften. Das war eine unbekannte Welt der ich Respekt zollte aber mehr aus Angst vor dem Unbekannten als vor

Zustimmung. Manche der Umstehenden versuchten besonnen die Kampfhähne zu trennen, aber meist gelang das nicht. Als zünftige Raufereien – wie das gern in ländlichen Beschreibungen genannt wird – habe ich solche Kämpfe nicht erlebt. Die Aggressionen hatten meines Wissens auch keinerlei Migrationshintergrund. Es prügelten sich an Kirtagen ausschließlich sogenannte 'Dasige' untereinander.

Der Gastgarten hatte nächsten Tag ein ernüchterndes Aussehen. Scherben der zerbrochenen Krüge, Knochen- und Essensreste, unzählige Zigarettenstummel und gelegentlich kleinere Geldmünzen lagen auf dem Kies verstreut. Irgendwer bereinigte am nächsten Tag mit einem Rechen die Spuren des Kirtages. Der normale Gastbetrieb wurde fortgesetzt bis zum nächsten Kirtag.

Reste der NS-Zeit

Wenn ich heute Filme sehe die über diese Zeit berichten, dann ist mir vieles nicht fremd. Es kommt mir oft vor als habe ich in dieser Zeit gelebt. Die Leute damals, besonders unsere Lehrer haben offenbar keine Gehirnwäsche im positiven Sinn erlebt, sondern sich in der Nachkriegszeit derart angepasst verhalten indem sie sich mehr oder weniger zurückgenommen haben um eigene oder Schandtaten der anderen zu bagatellisieren. Was ich sagen will ist, ihre Hirne waren noch begeistert von den 12 Jahren des tausendjährigen Reichs und das manifestierte sich in vielen Dingen die ich als kleiner Bub erlebt habe. Es gibt in der Geschichte kein vergleichbares Verhalten von an Grausamkeiten direkt und indirekt Beteiligten wie während und nach der Zeit des 2. Weltkrieges. Einige wenige waren gegen die Nazis, aber wie man weiß viel zu wenige sonst hätten die Nazis ja niemals erreicht was sie verbrechen konnten. Eine beschämende Facette der Nachkriegszeit ist, dass plötzlich sehr viele ‚dagegen' waren und ungeheuer viele die angeblich ‚nichts gewusst haben'. Irgendwie habe ich gespürt, dass die Erwachsenen lügen, aber beweisen konnte ich es nicht und so habe ich mir Nestwärme mit nicht gestellten Fragen erkauft. Es war eine Gratwanderung bei der man jederzeit abstürzen und ins bodenlose fallen konnte.

Jetzt aber zu den erlebten Resten aus der NS-Zeit.

Keinen Scheitel zu ziehen oder längere Haare zu haben war verpönt. Die Jungs machten bei der Begrüßung oder Verabschiedung artig einen ‚Diener' und die Mädchen einen ‚Knicks'. Mir schien das normal. Würde es heute jemand von meinen Kindern verlangen würde ich wahrscheinlich mitleidig lächeln. Wenn ein Lehrer mit dir kommunizierte hattest du in der Klasse mit den Händen an der Hosennaht zu stehen.

Uniformen blieben leicht abgewandelt erhalten. Auch die für Kinder. Selbst die katholisch orientierte ‚Jungschar' musste eine haben und die Pfadfinder sowieso. In der DDR machte man sich nicht mal die Mühe den Uniform-wahn zu verhindern. Die direkte Nachfolgeorganisation der HJ war die FDJ. Man nutzte die vorhandenen Strukturen der NSDAP, strich lediglich das 'National' aus dem Terminus und behauptete das sei nun Kommunismus.

Auch uns Jungens wollte man eine Uniform verpassen. Die Wiener Sängerknaben trugen sogenannte Matrosenuniformen, das schien unverfänglich weil Österreich keine Marine mehr besaß. Sonntags und zu anderen Festlichkeiten kleidete man uns mit dieser salonfähig gemachten Festtracht ein. Gottlob hat sich der Unfug nicht lange durchgesetzt.

Wenn damals jemand über Erlebnisse im Krieg berichtete und sich heldenhaft darstellte – und das waren nicht wenige - habe ich mich stets insgeheim gefragt warum der Krieg verloren wurde... Auch diese Schlussfolgerung äußertest du besser nicht laut.

Dass alte Kameraden aus dem Krieg sich wie Seilschaften verhielten, sich gegenseitig unter allerlei Vorwänden wie ‚Kameradschaftlichkeit' halfen war noch nicht Gegenstand meines Denkens dazu war ich noch zu jung. Ich hatte keine Ahnung was es bedeutete, dass Beamte, Richter, Polizisten und sogar Politiker die gleichen waren die unter Hitler ‚das Recht' exekutierten und somit sich nicht wirklich etwas geändert haben konnte.

Ein Revanchist bin ich nicht, aber mein Rechtsempfinden war kindlich geprägt von Sühne für Vergehen. So nahm ich Bestrafungen hin wenn ich etwas ausgefressen hatte und stand dafür gerade. Dass unsere Elterngeneration das nicht tat und den natürlichen Drang zu überleben mit vorgeschobener Uninformiertheit kaschiert haben hat mich aber sehr enttäuscht weil ich das als unehrlich empfand.

Jederzeit wurden ungeniert Lieder jener Zeit gesungen und gegrölt. Ich wuchs mit den Melodien und Texten vieler Soldatenlieder auf. Manche waren gar nicht einmal unangenehm. Das Horst Wessel-Lied jedoch schon, aber es wurde mir dadurch ebenso vertraut wie die deutsche Herrenrassen-Hymne – die ja die alte österreichische Kaiserhymne ist - die bis heute immer noch gerne mit dem alten Text der ersten Strophe gesungen wird.

Die Eltern – und damit meine ich die Generation vor mir - waren nicht mutig und als Vorbilder konnten sie sich nur halten weil wir sie im Glauben ließen sie seien welche. Menschen ermorden, Länder überfallen ist nicht vorbildlich sondern barbarisch und unmenschlich. Jedes Tier tötet, oft sogar mit organisiertem Vorsatz um ein Bedürfnis zu befriedigen. Aber kein Tier würde je versuchen eine von Menschen erdachte Rasse hasserfüllt auszurotten. Nazis haben das versucht und uns Nachkommen damit eine Bürde aufgeladen die uns trotz unserer Schuldlosigkeit immer bedrücken wird weil es scheinbar nur eines kleinen Anstoßes bei einer Schuldsuche bedarf um über Massenhysterie niederste Instinkte zu mobilisieren. Wie ihr jeden Tag erleben könnt funktionieren die Mechanismen der NS-Vergangenheit mit und ohne Massenhysterie bis heute leider immer noch.

Ob in der Schule oder außerhalb, überall hatten die Nazis weiterhin ihre Platzhalter aus der unrühmlichen Vergangenheit. Häufig machten sie sich nicht einmal die Mühe ihre nach wie vor gelebten Sypathien für die vergangene Epoche zu kaschieren. Österreichischer Boden ist fruchtbar, auch für solches Gewächs. In der Schule der militante Umgang mit Schülern und dem Ausschweigen der Wahrheit. Und im Umfeld – sei es Familie oder Bekanntenkreis - fortwährendes darauf Beharren, 'dass sie für uns den Kopf hingehalten' hätten. Mit dieser 'ihr-habt-dankbar-zu-sein' Masche wurde jegliche Kritik im Keim erstickt. So manchen alten 'Ehemaligen' habe ich diesen Unfug sagen hören und stets hat es meinen Widerspruchsgeist gegen diesen Kadavergehorsam ausgelöst den sie versuchten in meine Generation zu transportieren.

Häufig habe ich erlebt wie sich so genannte 'Kameraden' mit ihren Nazititeln angesprochen haben. 'Standartenführer, Sturmbannführer, Oberscharführer, ja sogar einen Hauptscharführer' sah ich manchen zwinkernd grinsen. Bei der Nennung der ehemaligen Titel wurden die Stimmen leise. Man war unter seinesgleichen. Mit augenzwinkerndem Einverständnis einer verschworenen Gemeinschaft die Teilnehmer eines grandiosen Räuber und Gendarm-Spieles gewesen waren, versetzten sie sich nach der Niederschlagung dadurch dennoch immer wieder in glorreiches Licht.

Es entlud sich irgendwann diese aufgestaute Niederdrückung in der so genannten 1968er Bewegung. Wenigstens ein wenig hat sich seither geändert, aber leider nicht genug und so überlebte der schleimige Filz in fruchtbarem Boden bis heute in jüngere Generationen. Was ich persönlich an dieser 68er Zeit nicht mochte war der scheinbar tief verwurzelte Hang zur Uniformität. Lange Haare und obligate Parka – ein Soldatenutensil - stellten wieder einen Bezug zur Uniform her. Freiheit sieht anders aus. Was man eigentlich bekämpfte wurde gedankenlos durch andere Symbole ersetzt und endete wieder in der Uniformität. Wir sahen alle gleich aus. Sei es der Bart, die Kleidung die Haare. Wir wurden leichter zuordenbar. Was zunächst nach Individualität und Loslösung von den Lebensgewohnheiten der Altvorderen aussah entpuppte sich als lächerliche Kopie. Uniform ordnet zu, dient dazu Unterschiede zu kaschieren. Auch in dieser Beziehung ging der damals erhoffte Schuss Widerspruchsgeist, der eine Veränderung bringen sollte, genaugenommen nach hinten los.

Dreschtag

War im Spätsommer die Ernte eingebracht musste das Getreide irgendwann gedroschen werden. Nicht jeder Bauer hatte damals bereits eine eigene Dreschmaschine oder ganz modern, einen mobilen Mähdrescher. Es gab seinerzeit Dreschmaschinen die samt Mannschaft die sie bediente von den Bauern gemietet werden konnten. Es waren Saisonarbeiter und Tagelöhner die nur für diese Zeit angeheuert wurden. Zwar stand in der Remise in der Nähe des Schweinestalles eine ziemlich alte Dreschmaschine aber sie dürfte den damaligen Ansprüchen schon nicht mehr genügt haben daher musste wohl effektiveres Gerät her.

Bereits am Abend vorher wurde ein fremdes riesiges Ding auf den Hof gebracht und mühsam mit Akribie in die Scheune neben unserer kleinen Wohnung verfrachtet.

Als ich morgens zur Schule ging ratterte das Ungetüm bereits und feiner Staub legte sich über den Hof. Die dicken Lederriemen trieben große Eisenrollen an und der Dreschapparat erzitterte im Zusammenspiel der verschiedenen Umlenkrollen mit der zweckmäßigen Mechanik. Die fremden Frauen und Männer arbeiteten mit einer augenscheinlichen Selbstverständlichkeit in der ihnen unbekannten Umgebung. Ich erkannte darin eine Ahnung von sich ergänzenden Zusammenhängen. An jedem ihnen unbekannten Ort verrichteten sie die gleichen Arbeiten. Jeder ihrer Handgriffe und Arbeitsabläufe wirkten sehr routiniert. Es roch würzig nach Stroh und ist für mich heute noch der Geruch des nahenden Herbstes. Nachdem ich aus der Schule kam wurde immer noch gedroschen. Garbe für Garbe wurde von emsigen Händen oben in einen Schacht gebreitet in dem sie zuckend versanken. Vorne beim Stadeleingang rieselte das Getreide aus einem Schüttbehälter in Säcke die von starken Männern scheinbar unermüdlich geschultert wurden. Sie gossen die goldfarbene Last auf den Schüttboden damit das Getreide weiter trocknen sollte. Das Stroh tuckerte zu Ballen fest zusammengebündelt über eine lange Metallschiene zur anderen Seite heraus. Es wurde im Stadel aufgeschichtet und diente über das Jahr als Streu im Viehstall. Bündelweise wurde immer wieder Schnur eingelegt die für die unzähligen Strohballen Verwendung fand. Faszinierend zu sehen wie die Korngarben am gefräßig wirkenden oberen Spalt der Dreschmaschine auseinandergezogen wurden darin verschwanden um dann in so genannte Spreu und Weizen getrennt zu werden.

Die Luft war trüb vom Dreschstaub der sich fast überall ablagerte. Die Spinnweben an den Stadelbalken hingen wegen der ungewohnten Last schwerer durch und waren leicht zu erkennen. So wurden sie bald ebenso mit dicker Staubschicht bedeckt wie die Gesichter der Arbeiter. Durch den

Lärm den die Dreschmaschine verursachte war es unmöglich sich verständlich zu machen. Die Arbeiter verständigten sich mit eindeutigen Zeichen, nickten oder verneinten, je nach dem. Jedes noch so laut gebrüllte Wort jedes Lied wäre im übermächtigen Stakkato der Maschine chancenlos gewesen. Dennoch schienen vor allem die Frauen fast lautlos zu singen um dem Maschinenlärm und der Monotonie ihrer Tätigkeiten Paroli zu bieten. Nur gelegentlich vernahm man Wortfetzen ihrer Gesänge. Mir schien, wenn zwei oder drei Frauen nebeneinander arbeiteten sangen sie das gleiche Lied, aber das konnte eine Täuschung sein. Der Höllenlärm verschluckte alle Töne.

Irgendwann um die Mittagszeit unterbrach ein unangenehmer sehr lauter Sirenenton den Dreschvorgang. Es war Essenszeit!

Die Dreschmaschine ratterte daraufhin immer langsamer bis sie stillstand. Diese plötzliche Stille ließ die üblichen Geräusche des Hofes wie aus weiter Ferne ertönen. Eine unwirkliche Klangwelt. Die Maschine hatte den gesamten Morgen über alle Klänge übertönt und unter der Hörbarkeitsgrenze gehalten..

Die Mahlzeit war von der alten Gradinger selbst zubereitet worden die sie höchstpersönlich zu den im Hof aufgestellten Tischen und Bänken brachte. Aussergewöhnlich freundlich tischte sie den Arbeitern das Essen auf. Sie ließ sich nicht lumpen, die Arbeiter hätten ja beim Nächsten Auftraggeber schlechtes über ihre Bewirtung erzählen können.

Während die Arbeiter aßen schwieg das rotbraune Ungetüm, doch das Geratter blieb in den Ohren so, dass jeder am langgezogenen Tisch viel zu laut redete. Was mir auffiel war, dass sehr viel Bier getrunken wurde.

„oweschwoam" - was übersetzt 'runterspülen' heißt - sagte einer der Arbeiter an in dessen Gesicht Schweißperlen graubraune Furchen im Staub gegraben hatten. Keiner von ihnen trug einen Mundschutz oder hatte sonstige Schutzkleidung wie sie heute von irgendwelchen Behörden vorgeschrieben würde.

Nach dem ausgiebigen Essen wurde der mächtige Schalter umgelegt und der Antriebsriemen begann sich wieder langsam, dann immer schneller werdend zu bewegen. Bald beherrschte das Getöse der Dreschmaschine wieder das Geschehen.

Der Staub juckte nicht nur in der Nase und muss für die schwitzenden Arbeiter noch unangenehmer gewesen sein als für mich, den unbeteiligten zeitweiligen Zuschauer, er schien auch in die Kleidung zu kriechen. Die Maschine ratterte erneut laut und unangenehm und das bis zum Abend. Manchmal sogar bis in die Nacht bis alles geerntete gedroschen war. Danach wurde die unförmige Maschine in die nächste Scheune zum nächsten Bauern verfrachtet.

Einige Male kam es vor, dass die Dreschmaschine durch einen Defekt zum

Stillstand kam und stundenlang nicht funktionierte. Ließ sich der Schaden reparieren dann lief sie bald wieder, aber es kam auch vor, dass wichtige Ersatzteile nicht improvisiert repariert werden konnten. Dann war die Not groß. Die Maschine machte keinen Mucks, die Arbeiter hatten nichts zu tun und konnten zu nichts anderem eingesetzt werden. Sie waren ja nur zum dreschen angeheuert. Wenn das geschah hörte ich manchen Fluch den ich nicht wiederholen möchte, vor allem dann schien die Liste der Flüche fantasiereicher und endlos zu werden wenn die Dreschzeit unvorbereitet auf folgenden Tag verlegt werden musste.

Denn der Auftraggeber – in diesem Falle der Bauer - hatte dann mit Mehrkosten bei der Verpflegung und Unterkunft zu rechnen die nicht geplant waren. Da fielen dann schon derbe Worte. Als Kind lernst du leichter fluchen als ein schönes Gedicht. Es liegt in der Natur der verboten scheinenden Sache, dass Schimpfworte viel leichter auswendig zu lernen sind.

Was für mich ganz besonders schön am dreschen war, dieses Gefühl barfuß im frisch gedroschenen Getreide herumzuwaten. Warm und kühl zugleich fühlten sich die Körner an den Füßen an. Weicher als warmer Sand und es raschelte aufregend wenn die Füße darin versanken. Als uns der alte Gradinger nicht nur einmal dabei erwischte regte er sich jedes mal furchtbar darüber auf. Er schimpfte harmlos, wie ein Hund ohne Zähne aber eigentlich nahmen wir ihn nicht ernst weil er nie versucht hatte irgend einen von uns körperlich zu züchtigen obwohl er es stets ankündigte. Er schimpfte nur und das niemals lange. Hinzu kam, dass er neben seiner bäuerlichen Betätigung auch in seinem Gasthaus einer seiner besten Kunden war. Manchmal schwankte er bedenklich. So warteten wir bis er brummelnd an seiner geliebten Virginia saugend davonging und waren nur etwas leiser aber nicht weniger vergnügt wenn wir weiterhin im Getreide herumtollten.

Schönste Weihnachten

Die Landschaft war verschneit und es war Weihnachten. Viel erwarten konnte ich vom heiligen Abend nicht. Meine Eltern hatten keine falschen Hoffnungen in mir geweckt, eher selbst die bescheidenen Wünsche für ein DKT oder gar einen Matador gedämpft. Dennoch freute ich mich darauf. Ich wusste, einen Christbaum wird es geben und endlich würden die von meiner Mutter gebackenen köstlichen Kekse und Vanillekipferl zugänglich werden. Insgeheim hoffte ich natürlich doch und sei es nur dass der unbekannte sagenhafte Onkel aus Amerika plötzlich und rechtzeitig mit reichlichen Gaben ein Kinderherz erfreuen würde. Für meine Schwester hatte ich liebevoll mit der Laubsäge eine Puppenstube gebastelt und die war gar nicht mal so schlecht gelungen weil ich mir wirklich viel Mühe gegeben hatte.

Herr Baugartner, Onkel Bertl, schlug am Abend etwas ungewöhnliches vor. Er forderte mich und seinen Sohn Gerhard auf mit ihm Schlitten zu fahren. Mit Gerhards Schlitten, denn ich hatte ja keinen eigenen und so zogen wir ihn durch die stillen Gassen hinter uns her. Am heiligen Abend Schlitten fahren wo doch jeder auf die Bescherung wartet, dachte ich. Es war schon dunkel geworden und wir stapften durch den knirschenden Schnee. Der Vollmond erhellte die Landschaft in unwirkliches dunkelblau. Unzählige Sterne, helle, weniger helle funkelten und es war windstill. Es gab nur die Geräusche unserer Schuhe wenn sie in den harten Schnee traten und das leise zischen der Schlittenkufe. Aus manchen Häusern leuchtete ein Christbaum und beide wussten wir, dass dort die Bescherung wohl schon erfolgt war. Wir erklommen den kleinen Berg und sausten zu dritt den Hang hinunter. Nur wir, sonst niemand schlitterten an diesem heiligen Abend den Berg herunter und es war wunderschön. Der kalte Fahrtwind machte uns frösteln, aber weil wir sofort wieder hinaufgingen war uns nicht kalt. Wir fuhren etliche Male herunter, stapften wieder hinauf und hatten viel Spass dabei. Dann meinte Onkel Bertl, dass es nun an der Zeit sei nachzusehen ob das Christkind nun auch schon bei uns vorbeigeschaut habe.

Guter Dinge, mit gespannter Erwartung trabten wir nach Hause. Wir Buben auf dem Schlitten und Onkel Bertl – den ich selten so fröhlich und entspannt erlebte - als unser Zugpferd vorne weg.

Wie die Eltern es untereinander verabredet hatten weiß ich nicht und will es nicht wissen. Es lief alles perfekt ab. Klar, soeben war das Christkind wie auch voriges Jahr gerade in diesem Augenblick aus dem Zimmer geflogen als wir eintraten. Ich trat also ins Zimmer, tatsächlich das Christkind war weg, aber es hatte was dagelassen. Da stand ein glitzernder Weihnachtsbaum der mit Kerzen bestückt unglaublich warmes Licht verströmte. Wunderkerzen zischten mit kleinen Blitzen. Der sonst karge Raum wirkte festlich wie in einem Schloss und mein Herz klopfte zum zerspringen. Nach der Kälte des Winterabends und doch von Erwartung erhitzt starrte ich auf das

was sich darunter befand. Da war natürlich die Puppenstube die ich für meine Schwester gebastelt hatte und sonst noch irgendwas das ich mit einem Blick sofort als Geschenk, aber nicht für mich identifizierte. Meine Mutter begann mit weicher Stimme zu singen
„Am Weihnachtsbaume die Lichter brennen..." ich lauschte gerührt weil sie so schön singen konnte und... zugegeben, ein wenig enttäuscht war ich schon, denn da war nichts zu sehen kein Paket oder etwas das nach einem Geschenk für mich aussah. Irgendeine Überraschung wird es schon geben hoffte ich, ein kleines Spielzeugauto vielleicht, ich sah es nur nicht, oder? Ich bangte und dachte nicht darüber nach ob ich vielleicht eine mögliche Enttäuschung verbergen sollte wenn es etwas war das mich nicht sonderlich erfreuen könnte. Ein handgestrickter Pullover oder zweifellos nützliche Wäsche. Mein Stiefvater dürfte mich beobachtet haben, hob eigentümlich grinsend ein weisses Tuch hoch das ich eher als Versuch einer Dekoration eingeordnet hatte und entblößte... einen Schlitten. Kein Zweifel – meinen! Meinen ersten eigenen Schlitten!!!

Ich war überwältigt. Schon so lange hatte ich ihn mir gewünscht und vermutet, dass der Wunsch für die Finanzen meiner Eltern unerschwinglich war. Einen Schlitten mit gerundeten Kufen und Stoffbezug war mein Traum und nun konnte ich nicht glauben, dass der Wunsch in Erfüllung gegangen war. Ich war sprachlos und faltete die Hände. Mein erster eigener Schlitten!

Und den probierte ich noch am selben Abend mit meinem Stiefvater im Mondlicht aus. Physikalisch ist es unmöglich einen Schlitten auf einer Schneeabfahrt zum glühen zu bringen, aber an diesem Abend war ich knapp davor das Gegenteil zu beweisen.

So glücklich war ich, als der Schlitten hochstehend neben meinem Bett über meinen Schlaf wachte, dass ich vor Aufregung ihn morgen allein benutzen zu können nicht einschlafen konnte und ihn im dunklen immer wieder ungläubig betastete bis mich dann doch irgendwann der Schlaf übermannte.

Die Gemischtwarenhandlung

'Königseder – Gemischtwarenhandlung' prangte in großen Lettern an der Hauswand und befand sich gegenüber unserer Behausung. Herr Königseder, ein beleibter älterer Mann herrschte hier über all das was wir uns kaum oder nicht leisten konnten. Hatte ich irgendwo durch Holz aufschichten oder sonstige Hilfsdienste ein paar Groschen ergattert betrat ich sein Geschäft um mir eines der Seidenbonbons zu kaufen die ich besonders liebte. Mein Schulkamerad Erwin, der gleich neben der Gemischtwarenhandlung wohnte hatte eine Vorliebe für Rollmöpse und mich bald überzeugt, dass sie gut schmeckten. Oft saßen wir auf der kleinen Treppe neben dem Eingang und verzehrten genüsslich unseren Rollmops den Herr Königseder mit einer Holzzange aus einem großen Glas genommen und dann in dünnes Papier eingewickelt hatte.

Der Laden roch so vielschichtig wie das Angebot an Waren. Kein Geruch war vorherrschend. Ein wenig nach Karbol, Nelken, Kaffee, Minze usw. alles durcheinander. Vielleicht kam es darauf wo man sich gerade befand. Wenn ich Waschmittel besorgen sollte wurde es aus einem großen Sack gleich hinter dem Tresen in ein kleineres Papiersackerl geschaufelt und mit einem faltenden Kniff verschlossen. Soda zum Einweichen gab es auf gleiche Weise. Gelegentlich gab es bereits 'Persil' oder 'Henko' in fertigen Packungen, das war aber teurer als die lose Form. Mehl war ebenfalls in einem großen Sack hinter dem Tresen. Auch dieses wurde mit einer Schaufel in einen kleinen Papiersack geschüttet und genau abgewogen.

In der Gemischtwarenhandlung gab es – wie der Name sagt – gemischte Waren. Ich glaube bis auf Eisenwaren konnte man dort alles kaufen was Menschen zum Leben brauchten. Genaugenommen waren die Gemischtwarenläden die Vorläufer der späteren Supermärkte in denen man sich dann selbst bedienen konnte.

Damals war nämlich das Lebensmittelangebot überwiegend spezialisiert. Milch und Käse gab es im Molkereigeschäft, Brot beim Bäcker, Fleisch und Wurst beim Fleischhauer. Gemüse oder Obst baute man selbst an und war dazu keine Möglichkeit kaufte man sie beim Nachbarn oder bei den Bauern. Sogenannte Supermärkte wie wir sie heute kennen, in denen all das unter einem Dach angeboten wird gab es noch lange nicht.

Eine Zeitlang gab es Lebensmittel überhaupt nicht frei zu kaufen. Die Versorgung der Bevölkerung wurde durch die Zuteilung von Lebensmittelmarken geregelt auf denen eine gewisse Menge Mehl, Zucker, Käse usw. je Erwachsenen oder Kind aufgeführt war. Herr Königseder schnitt dann mit einer Schere den Abschnitt aus den verschiedenfarbigen Lebensmittelkarten heraus und legte diese in eine graue Filzmappe in der bereits unzählige andere kleine Marken lagen.

Als die Lebensmittelmarken irgendwann nicht mehr nötig waren betrat ich das Geschäft immer mit gemischten Gefühlen und das lag daran, dass wir für den Familienbedarf anschreiben lassen mussten. Wurde ich um Lebensmittel geschickt legte ich das kleine Heft auf den Tresen und Herr Königseder trug die Beträge ein die dann gesamt am Monatsersten beglichen wurden. Wenn ich aber mit eigenem Geld Kleinigkeiten kaufte zahlte ich sofort. Warum ich deswegen stets ein schlechtes Gewissen hatte weiß ich nicht mehr, aber ich kann mich genau an das Gefühl erinnern das mich verunsicherte wenn ich mein Geld das ich durch kleinere Dienste wie Blumen pflücken oder Feiertage wünschen ergattert hatte auf den Zahlteller legte.

In der Gemischtwarenhandlung standen auf dem Tresen große gläserne Behälter in denen buntes Zuckerwerk zum Erwerb lockte. Zuckerstangen, saure Drops – die eigentlich nicht sauer waren sondern fruchtig säuerlich schmeckten – weisser und brauner Kandiszucker, Erdäpfelzucker den man lange lutschen konnte und was noch alles das ich längst vergessen habe.

Kaffee war an der Rückwand in grossen Blechdosen gelagert und rauschte in eigene Papiersackerl. Den Service gemahlenen Kaffees gab es nicht. Man mahlte zuhause in der Kaffeemühle bis die kleine Holzlade genügend voll war um Kaffee aufzubrühen. Bohnenkaffee schien ein Luxusartikel zu sein und wurde entsprechend selten genossen.

Wir ließen offenbar auch beim Metzger anschreiben. Ich weiß, dass meine Eltern lange nachdem wir bereits nach Deutschland übersiedelt waren die Schulden beim Fleischer, die sich aus mir unerfindlichen Gründen ziemlich angehäuft hatten, immer noch abzahlten. Ein Kapitel Österreich war abgehandelt als mir meine Mutter im Frühjahr 1959 ernst, aber mit sichtbarer Erleichterung sagte: „Wir haben in Österreich keine Schulden mehr, schau her, das ist die letzte Einzahlung. Jetzt geht es aufwärts!"

Ich habe lange gebraucht um mein Geburtsland so zu sehen wie es sich damals tatsächlich gezeigt hatte. Von kindlichen Heimatgedanken befreit war Österreich damals kein aufstrebender Staat in Mitteleuropa, sondern ein von der unseligen Kaiserzeit der Habsburger ausgepresster Landstrich verqueren Strukturen und Bezeichnungen der unfähig schien sich organisiert selbst zu versorgen. Er bot seinen – durch den Krieg - zusammengewürfelten Bewohnern kaum lebenswürdige Möglichkeiten. Nur wer fest verwurzelt auf Errungenschaften der Vorfahren zurückgreifen konnte hatte in diesem Land eine Chance lebensfähig zu sein. Die Nazis hatten zuvor schon fruchtbaren Boden vorgefunden und haben Saaten erneuert die auf diesem Boden gerne wachsen.

Das Hendl am Lagerfeuer

Es war Frühsommer, noch zu kühl zum baden gehen, aber wir ließen uns auch ohne Badevergnügen immer etwas einfallen. Wer die Idee mit dem Huhn hatte habe ich vergessen. Wir wollten nämlich eines der Hendl, ein Huhn am Lagerfeuer braten.

Auf dem Hof gab es genügend Hühner die pickend herumscharrten. Vielleicht angeregt von Wilhelm Busch oder diversen Comics die man damals noch Wild-West-Hefterl nannten schritten wir zur Tat. Aber die Hühner ließen sich nicht so einfach fangen und liefen protestierend gackernd vor uns weg. Um kein Aufsehen zu erregen beschlossen wir es lautlos zu tun. Einer hatte dann die Idee es mit einer Schlinge zu versuchen. Die war schnell geknüpft, ausprobiert und sie funktionierte gleich beim erstenmal indem wir mit einem Stock ein Hühnerbein nachahmten. Wir platzierten nun die Falle in der Nähe der Hühner, legten eine Spur von Weizenkörnern zur Schlinge und langsam kamen tatsächlich einige Hühner pickend und scharrend näher. Wir waren im Jagdfieber total aufgeregt und lauerten hinter der Mauer mit angehaltenem Atem.

Schon beim zweiten Versuch ein Huhn zu fangen gelang es. Franz sprang auf das flüchtende Tier zu und hielt seinen Schnabel damit es nicht mehr gackern konnte. Es wehrte sich heftig, schlug mit den Flügeln, riss mit einer der Krallen eine tiefe Furche in seinen Arm aus dem schnell Blut sickerte. Es schien ihn nicht zu kümmern.

Ihm als Metzgerlehrling galt unser Vertrauen bei den weiteren Schritten die nun folgten. Er murkste das Huhn indem er dessen Hals verdrehte bis es nur noch zuckte.

„Jetzt ist es hin" meinte er lakonisch und wir begannen es zu rupfen, wie wir das bei legalen Hühnerschlachtungen beobachtet hatten, achteten darauf dass keine herumfliegenden Feder unser Tun verriet. Das Huhn war noch warm und die Haut fühlte sich seltsam fremd an.

Auf der Wiese hinter dem Stadel hatten wir zuvor eine Feuerstelle errichtet. Das gesammelte Holz flackerte rauchlos und gab entsprechende Hitze ab. Wie wir glaubten fachmännisch, steckte Franz das leblose Huhn dann auf einen Spieß und wir begannen wie durch die einschlägigen Heftchen informiert das Tier über dem kleinen Feuer zu rösten indem wir uns abwechselnd den „Braten" langsam über den Flammen drehten.

„Was braucht man dass es schmeckt?" fragte einer.

„Salz und Pfeffer! Auf jeden Fall, das weiss ich" meinte Maria die wir Puppi nannten und lief nach Hause um die Zutaten zu 'besorgen'. Wir bestreuten das Huhn also mit Salz, kippten Pfeffer darüber und warteten mit gemischten Gefühlen ob das fertige Huhn den Erwartungen entsprechen würde.

„Da muss Schmalz drauf!" sagte Zenzi die Schwester von Franz. Sie eilte in die Speis und wenig später schmierten wir großzügig Schmalz auf das langsam drehende Huhn. Das Fett tropfte prasselnd ins Lagerfeuer und das rauchte nun doch ziemlich heftig.

Ich war mir irgendwann nicht mehr ganz sicher ob der Versuch ein Huhn am Lagerfeuer zu braten erfolgreich sein würde. Irgend etwas stimmte nicht und hielt mit meiner Meinung nicht hinter dem Berg.

„Ach was, das wird schon!" sagte einer der am drehen war. Es dauerte und dauerte. Blasen bildeten sich unter der Hühnerhaut.

„Das wird schon, die Haut muss man aufstechen!" sagte ein anderer. Franzi stach mit seinem Taschenfeitel leicht in die Blasen. Fett und Flüssigkeit troff zischend ins Feuer.

Es qualmte und stank immer furchtbarer und je mehr Zeit verging desto übler roch das ganze. Es bekam dennoch allmählich jene Farbe die wir von einem Grillhuhn erwarteten, aber der Körper schien nicht nur immer dicker zu werden er wurde immer voluminöser. Das Huhn wirkte aufgedunsen und prall wie ein Fussball. Plötzlich begann der Braten zischend zu dampfen als ob Luft entwich und verbreitete einen noch grauenhafteren Gestank als zuvor. Das war so ekelig, dass selbst der sonst in Fleischbelangen allwissende Franz zweifelte, dass hier alles in Ordnung war.

Weil der 'Braten' dermassen gestunken hat und immer heftiger heisser Dampf aus ihm entwich der die Luft verpestete ließen wir das Abenteuer 'Huhn am Lagerfeuer' letztendlich sein. Wir verscharrten den übelriechenden Fleischball ungekostet im Sand hinter dem Stadel rieben uns den beissenden Rauch aus den Augen und haben nie wieder ein Huhn abgemurkst.

Ein Huhn sollte man nämlich vorher ausnehmen, aber das wusste unser angehender Fachmann, oder gar einer von uns damals noch nicht.

Karls Großvater

Ich war etwa 10 Jahre alt und befreundet mit einem strohblonden gleichaltrigen Jungen Namens Karl aus meiner Klasse. Der Junge wohnte mit seiner Mutter im Haushalt ihrer Mutter, unweit der großen Villa die sein Großvater – offenbar der Vater seines Vaters - allein bewohnte. Ob sein Vater gefallen oder lediglich von der Mutter geschieden war, weiß ich nicht mehr. Ich glaube mich zu erinnern, dass der Großvater mit der Wahl seines Sohnes grundsätzlich nicht einverstanden gewesen war und deshalb jeden Kontakt zu seiner Schwiegertochter mied.
Der alte Mann im düster, stets spärlich ausgeleuchteten großen Haus mit den wuchernden Weinreben an den Hauswänden lebte allein. Nur den Enkel ließ er gelegentlich zu sich.
Später, als ich Bilder von Hindenburg sah wußte ich warum der Mann mich beängstigend beeindruckt hatte. Hindenburg sah aus wie er obwohl es sicher umgekehrt war. Zwischen Karls Mutter und ihm wurde nicht gesprochen. Nicht nur nach dem zweiten Weltkrieg gab es Familiensituationen die atypisch gewesen sind es gibt sie auch ohne zwischenzeitlichem Krieg aus den unerfindlichsten Gründen auch heute noch.

Der Großvater von Karl, groß, hager, aufrecht als habe er einen Stock im Rücken eingearbeitet, durchdringend strenger Blick, korrekt gekleidet immer mit Jacke, Knopfkragen und ob der militanten knappen Bewegungen linkisch wirkend, war und sah aus wie das Klischee einer Figur der Kaiserzeit. Bürstenhaarschnitt, Schnauzbart, Stehkragen, buschige Augenbrauen. Was ein Klischee war wusste ich damals noch nicht, spürte aber, dass Karls Großvater aus einer längst vergangenen Zeit stammte und sich an sie zu klammern schien. Nicht nur wegen seiner Körperhaltung wirkte er unnahbar, kühl, mürrisch und deplaziert, er war es.
Er lebte in dem großen Haus mit Gegenständen seiner Erinnerungen die vor oder aus dem ersten Weltkrieg stammten. Verzierte Säbel, Abzeichen, Orden, Helme, Spangen, ausgeblichene Fotografien und allerlei Kriegsaccessoire das ich nicht zuordnen konnte zierten Wände und Glasvitrinen. Karl zeigte und erklärte ehrfürchtig flüsternd was sie bedeuteten und was sein Großvater ihm dazu erzählt hatte. Offizier sei er gewesen, raunte er und ich hatte das Gefühl seinem unverhohlenen Stolz nichts entgegen setzen zu können außer dass mein Großvater Nervenarzt in Wien war. Was jedoch in Anbetracht nicht herzeigbarer Trophäen keine Bedeutung hatte.

Im Wohnzimmer stand eine riesige Standuhr mit schwerem Pendel das behäbig langsam hin und her schwenkte als mache es eine eigene Zeit. Schlug sie, dann konnte man das im Garten hören so laut war sie. Wenn wir manchmal im Garten der Villa spielen durften übernahm ich Karl's beinahe devote Art nicht aufzufallen um dem allezeit präsenten Unmut des gestrengen Großvaters keine Nahrung zu geben.

Der betagte Herr - er hatte bestimmt die 70 schon weit überschritten - hatte ihm eines Tages eine Blechpistole mit einem Federmechanismus geschenkt. Wenn man abdrückte schoss ein dünner Holzstab heraus an dessen Spitze ein Gummisaugnapf angebracht war. Man konnte damit auf Glasscheiben schießen und wenn man den Gummi mit Spucke befeuchtete blieb er haften. Natürlich konnte man aber auch auf Äpfel oder was einem sonst so alles einfiel schießen. Selbst dann, wenn man genau zielte war treffen eher ein Zufall.

Karl hatte eine Munition die er 'Stoppel' nannte bereits verloren und warnte mich entsprechend als er mir ungern den Blechrevolver überließ. Ich wollte wissen wie hoch beziehungsweise wie weit das Ding flog und drückte ab. Das Geschoss klickte aus der Verankerung, erhob sich hoch in die Luft, machte einen weiten Bogen, kam wieder nach unten und landete klackernd auf der anderen Seite des Daches. So sehr wir auch suchten die Munition blieb unauffindbar. Vermutlich landete sie in der Dachrinne und war daher für uns unerreichbar. Mein Bedauern bei Karl für das Missgeschick brachte mir ein, dass er mich umgehend bei seinem Großvater verpetzte. Offenbar hatte er noch mehr Angst vor dem alten Mann als ich.

"Der hat meinen Stoppel verschossen!" jammerte er weinerlich.

Hindenburg sah streng aus harten grauen Augen zu mir herunter und schnarrte militant

„Wie konntest du nur... das ist ja unverschämt! Du Bube!"

In meiner Angst und Verlorenheit begann ich zu weinen, stotterte, dass Karl ja auch einen... was Karl gestärkt in der für ihn unverhofften Allianz mit seinem Großvater zur wütend weinerlichen Bemerkung veranlasste

„Den Stoppel wirst du mir ersetzen!"

„Das wird er! Habe ich recht?" dabei verdrehte der große Mann mein Ohr mit seinen Fingern, dass ich auf Zehenspitzen tänzelte. Derart gefoltert hätte ich auch der Leibeigenschaft zugestimmt.

„Du solltest dir Freunde aussuchen die Respekt vor dem Eigentum anderer haben!" sagte er endlich mein malträtiertes Ohr loslassend und strafte mich ab diesem Zeitpunkt mit Nichtbeachtung. In den Garten oder gar ins Haus von Karls Großvater durfte ich fortan nie wieder.

Ersatzteile für Spielzeug nachkaufen konnte man damals kaum bis gar nicht, selbst wenn ich dafür die nötigen Mittel gehabt hätte und so bin den beiden den Stoppel bis heute schuldig geblieben.

Zuhause habe ich den Vorfall verschwiegen, denn das gerötete Ohr eines Kindes hat damals unter Erwachsenen keine Aufregung verursacht. Man bekam es in der Schule durch Lehrer öfter als durch raufen.

In der Kinderfreundschaft mit Karl war ein Riss entstanden der nie gekittet werden konnte weil er auch bei anderen Freunden mich als denjenigen darstellte der seinen Stoppel verschossen hatte. Irgendwann haben wir uns aus den Augen verloren.

Früh habe ich lernen müssen, dass Kinderfreundschaften wie Kästner sie beschreibt eben nur in Büchern vorkommen. Aber diesen gestrengen Großvater als Hindenburgverschnitt den gab es tatsächlich.

Fernsehen

An meinen ersten Eindruck von einem Fernseher kann ich mich gut erinnern.

Nicht nur unter uns Buben verbreitete sich die Information wie ein Lauffeuer, dass im einzigen Radiogeschäft des Ortes ein Fernseher zu sehen war. Etwas sensationell Neues. Bald bildete sich vor dem Geschäft am Marktplatz eine Menschentraube die auf ein Gerät starrte in dem schwarze Punkte auf silbern scheinenden Untergrund flimmerten und sich unorthodox durcheinander bewegten. Mit Phantasie versuchten wir darin Bilder zu erkennen, weil einige Leute meinten damit könne man Bilder sehen, aber es veränderte sich nichts. Es rauschte nur, die Punkte liefen wie Ameisen und konkret sah man garnichts. Dennoch starrte ich ebenso wie die vielen anderen Erwachsenen auf die Flimmerkiste als käme doch bald irgendwas. Niemand schien eine Vorstellung zu haben worauf gewartet wurde. Passiert nichts, dann lässt das Interesse nach. So war es auch hier als ich den ersten Fernseher sah. Ich bin enttäuscht heim gegangen.

Wenige Wochen später erzählte einer meiner Schulkameraden stolz, dass sie in ihrem Gasthaus ab jetzt einen Fernseher hätten. Dafür ließ er sich feiern und genoss, dass nun die meisten eine Freundschaft mit ihm beschworen oder anstrebten. Zuerst verlangte er Geld, wenige Groschen zwar, aber für mich unerschwinglich. Danach meinte er, dass diejenigen die ein Getränk bestellten willkommen seien. Indem ich Blumen pflückte und an diejenigen verteilte die gelegentlich dafür Geld gaben erwirtschaftete ich einige Schillinge. Meinem ersten Fernseherlebnis stand nun nichts mehr im Wege.

Der Kasten thronte dort wo sonst der Herrgottswinkel war und zeigte – wie man mir großspurig wissend erklärte - ein Testbild mit einem Kreis, Strichen und Punkten. Wir waren gespannt und aufgeregt. Zwar wollte ich ein Kracherl bestellen, aber einer meinte es gäbe ein Cola es sei etwas amerikanisches und das sei viel besser als ein Kracherl. Also bestellte ich mir ein Cola. Wir tranken aus einer schmalen bauchigen Flasche ein dunkelbraunes Getränk und als ich den ersten Schluck versuchte hatte ich das Gefühl mir die Mundhöhle zu verbrennen. Es stieg mir in die Augen sodass sie zu tränen begannen. Es schmeckte mir überhaupt nicht, das ist bis heute so. Der Geschmack war süß unbekannt und scheußlich. Irgendwelche Gewürze die leicht nach Moder schmeckten waren darin, aber weil ich es nun schon mal bezahlt hatte trank ich es widerwillig aus.

Das Fernsehprogramm begann um 15 Uhr. Ein nicht sichtbarer Sprecher blendete Namen von Soldaten ein die er vorlas. Gebannt starrte ich auf diese Art Radio auf dem ein Bild zu sehen war. Dann wurde ein eher vergilbtes Bild eines Uniformierten gezeigt. Jedes Bild endete mit der Frage ob jemand den Gefreiten soundso, Wehrmachtszugehörigkeit da und dort, zuletzt gesehen in... dann wurde ein Ort in Russland genannt, oder jemand etwas über seinen Verbleib wisse. Es waren Suchmeldungen des roten Kreuzes nach Vermissten des Krieges. Das Programm erfüllte zumindest meine nicht hochgesteckten nicht näher benennbaren Erwartungen keineswegs.

Monoton wurden den Nachmittag über all die Suchmeldungen verlesen. Schier unzählige statisch wirkende Passfotos von Männern in Uniformen flimmerten über den Bildschirm. Namen, Kompanie, Orte die mir völlig unbekannt waren, Vermisst bei soundso, Heeresgruppen, Daten der letzten Sichtung, alles unverständlich. Mir war nicht bewusst worum es sich tatsächlich handelte.

Das also war Fernsehen, ehrlich, das interessierte mich nicht sonderlich wenngleich man mit Fantasie sich durchaus vorstellen konnte, dass vielleicht bewegliche Bilder wie im Kino fernsehen interessanter gestalten könnten. Aber es gab aber keine bewegten Bilder. Wie man heute sagte steckte das Fernsehen in jener Zeit noch in den Kinderschuhen. Zwei- oder dreimal bin ich noch hingegangen, dann nicht mehr. Geld für das teure grauslige Cola zusammensparen um Bilder von Soldaten zu sehen war mir zu langweilig, hinzu kam noch, dass der Schulkamerad dessen Eltern das Gasthaus gehörte beim drittenmal 50 Groschen Eintritt verlangte und das Getränk extra zu bezahlen war. So interessant war es nun wirklich nicht. Ja, ich wusste jetzt wie ein Fernseher aussah, habe flimmernde starre Bilder darin gesehen aber eigentlich war es wie Radio. Letzteres hatte wenigstens ein sogenanntes magisches Auge das sich bewegte wenn man einen Sender einstellte und mehr Fantasie Bilder im Kopf entstehen zu lassen forderte es auch.

Wenn das eigentliche Programm begann hatten wir das Gasthaus bereits verlassen weil unsere finanzielle Lage keine weitere Bestellung erlaubte und wir ohnehin nachhause zu gehen hatten.

Die ersten bewegten Bilder in einem Fernseher die tatsächlich interessanter als die stupiden Suchmeldungen waren sah ich erst Jahre später in Deutschland.

Ich habe gehört, dass Julius Raab der damalige österreichische Bundeskanzler über das Fernsehen befragt geantwortet hat. „Fernsehen? Das wird nie was!" Nach meinen ersten Eindrücken von dem Apparat – die seinen offenbar ähnlich waren - hätte ich ihm recht geben müssen sofern ich um meine Meinung gefragt worden wäre. Er irrte sich gewaltig, aber vielleicht hatte auch er nur die Suchmeldungen gesehen und die unermüdlichen Weiterentwickler unterschätzt.

Die Straßenwalze

Einer der engeren Bekannten meines Stiefvaters kam auch aus dem Südosten Europas, dem damaligen Jugoslawien, hieß Lammers und war gleichfalls Volksdeutscher. Er war selten zuhause und das lag wohl an seinem Beruf. Herr Lammers war nämlich Straßenwalzenfahrer. Die Lammers wohnten im Haus über den Gradingers in einem Raum den sie durch an Schnüren aufgehängte Decken aufgeteilt hatten. So erschufen sie einen Schlafraum, eine Art Wohnküche und eine Schlafkoje für Melitta, ihre Tochter die wesentlich älter als ich war. Freundliche Leute die wie fast alle aus unserem Umfeld auf der Suche nach Heimat und Zugehörigkeit waren.

Herr Lammers fuhr ein wuchtiges schwarzgelbes Ungetüm das kein Lenkrad sondern eine Kurbel hatte mit drei riesigen Walzen die bedrohlich endgültig wirkten. Die vordere Stahlrolle war lenkbar und viel kleiner als die riesigen starren hinten. Wenn er den Motor mit einer Kurbel startete und die Maschine laut zu tuckern begann, pufftte schwarzer Rauch aus dem nach oben gerichteten dicken Auspuff und es stank ziemlich heftig.

Tagsüber durfte ich manchmal mitfahren. Fahren, bei einer Straßenwalze ein optimistischer Ausdruck, denn die Fortbewegung im Schneckentempo empfand man nicht als fahren.

Am Anfang war es aufregend hoch oben neben Herrn Lammers zu sitzen dahinzutuckern und dabei auf der Straße liegende Steine zu zerquetschen die splitternd zerbrachen ehe sie in den Boden gedrückt wurden. Die Walze machte alles platt. Es war absolut langsam und gemächlich. Das Gefährt zermalmte knirschend was unter die Walzen geriet. Hätte es damals schon Ampeln gegeben wären wegen der geringen Geschwindigkeit der Walze viele Staus entstanden. Einspännige Pferdefuhrwerke überholten uns, Radfahrer sowieso und sogar Fußgänger, so langsam ging es dahin. Kein Vergleich damit wenn ich bei Karli auf dem Bock saß und er die Pferde traben ließ. Da sauste die Landschaft regelrecht vorbei. Es roch je nach Jahreszeit nach Ernte, frisch gepflügter Erde oder Landluft pur mit all seinen Abstufungen und Möglichkeiten den Geruchssinn anzuregen.

Auf der Walze dominierte der Geruch nach Altöl. das schwere Monstrum vibrierte kaum, man wurde schnell müde und nichts aufregendes geschah.

Nur einmal blieb die Walze stecken und um sie wieder auf die Straße zu bringen war der Einsatz mehrerer Traktoren nötig. Schwierig, denn es gab nur drei Traktoren in der näheren und weiteren Umgebung. Ein Bauer bat Herrn Lammers die von ihm aufgeschichteten Steine vor der Feldwegzufahrt nieder zu walzen damit er mit seinen Leiterwagen müheloser darüber fahren könne. Die Verletzungsgefahren für Pferde und Achsenbrüche an den Wägen waren durch die ausgewaschenen Schlaglöcher des Feldweges immer präsent und so hatte der Bauer sie mit Steinen, die aber danach kleine Hügel bildeten, ausgefüllt.

Herr Lammers hatte den Kopf geschüttelt, zu schwer sei die Walze und der Untergrund zu weich, er war skeptisch, aber der Bauer flehte, bat und versprach ihm ichweißnichtwas. Herr Lammers ließ sich überreden eine Entscheidung gegen seine Überzeugung zu treffen.

So fuhr er die Walze vorsichtig kurbelnd über die aufgebauten Steine die knirschend im Boden versanken, manche barsten, machte den Weg glatt doch plötzlich neigte sich die Walze nach wenigen Metern langsam und bedrohlich zur Seite. Sie war für den unbefestigten Feldweg viel zu schwer. Herr Lammers erkannte die Gefahr sofort und versuchte im Rückwärtsgang wieder auf die befestigte Strasse zu gelangen. Zu weich war der Untergrund und die glatten Walzen fanden keinen Halt, drehten langsam zuckend durch. Ich sah wie Herr Lammers mit dem Einsatz seiner Erfahrung schwitzend versuchte die Walze aus der misslichen Lage zu befreien, aber es schien unmöglich. Die Straßenwalze schien immer tiefer in einen schlammigen Morast zu gleiten der sich am Rand des Feldes bildete. Ratlosigkeit machte sich nicht nur bei den herbeigeeilten Männern breit. Man beriet wie man die Walze aus dem weichen Untergrund holen könne. Vielleicht war deren Wissen aus der Soldatenzeit – die ja nicht weit zurücklag - während der sie in oft unwegsamen Gelände schweres Gerät zu manövrieren hatten der ausschlaggebende Geistesblitz. Man organisierte rasch die verfügbaren Traktoren der Umgebung. Mit starken Seilen und Ketten hievten sie die riesige Walze aus der Gefahrenzone. Viele Schaulustige hatten sich mittlerweile eingefunden, kommentierten mehr oder weniger kompetent die Sachlage. Erst der schwarze riesige Lanz eines Bauern vom anderen Ortsende, der dritte Traktor brachte in der Geschichte die ausschlaggebende Wende. Die Straßenwalze wurde langsam Richtung Straße bewegt, fand endlich Halt auf dem Untergrund und tuckerte wieder aus eigener Kraft auf die Strasse.

Wenn er mit der Walze zu seiner Arbeitsstätte fuhr musste er oft mitten in der Nacht losfahren. Manchmal wachten wir auf wenn er den Motor anwarf und im Schneckentempo los fuhr. Logischerweise brauchte er nach Dienstschluss genau so lange wieder nach Hause. Irgendwann schaffte sich Herr Lammers ein Fahrrad an, ließ über Nacht die Walze an der Baustelle stehen und radelte zu ihr und ersparte sich dadurch viel Zeit.

Als alle wesentlichen Straßen in der näheren und weiteren Umgebung fertig geteert waren sind sie dann samt Walze weggezogen.

Der Heustadel

Im Innenhof des bäuerlichen Anwesens beim Gradinger befand sich ein geräumiger Stadel. Der Heustadel war natürlich auch der Lagerort für Stroh, nicht nur für Heu. Er war ein Eldorado für uns Kinder. Voller Geheimnisse und voll von berechenbaren und unberechenbaren Überraschungen. Der Heustadel wurde niemals fad. Wir sprangen von den schwindelerregend hohen Balken in weiches duftendes Heu das uns raschelnd aufnahm, kletterten wie Eichhörnchen die Leitern hinauf um uns immer wieder vom Heu auffangen zu lassen. Vermutlich hätte niemand der Eltern unser Treiben geduldet oder gar befürwortet, sie wussten es nicht oder verdrängten die Ahnung unseres Tuns. Wenn wir aus dem Heustadel kamen waren wir sowieso reif für eine Gesamtwäsche und Details unserer Tätigkeiten im Heustadel haben wir nie erzählt. Glück hatten wir, denn manchmal lag unter dem neuen Heu eine der achtlos vergessenen älteren Heugabeln. Passiert ist gottlob nie etwas.

Die Strohballen dienten uns zum Bau von Behausungen in denen wir allerhand Spiele trieben. Wir ahmten Familie nach, bildeten eine eigene. So hatte oft jemand einen Vater den es in der Realität wegen des vergangenen Krieges nicht gab. Nur die Beleuchtung war ein Problem, denn meist war es in den Höhlen dunkel oder zumindest schummerig. Auf die Idee gar eine Kerze zu verwenden kam niemand weil wir die daraus folgende Gefahr verinnerlicht hatten und wussten was geschehen könnte.

Ich liebte die Gänge und Höhlen im Heu mehr als die im Stroh. Es roch würziger und war weicher.

Die Hühner fanden in der Scheune jede Menge Getreidekörner und schienen von unserer Anwesenheit gar nicht erbaut, stoben jedesmal gackernd davon wenn wir auftauchten.

Wir schabten uns Höhlen im Heu frei, fanden es lustig Verstecken zu spielen, den Mädchen gelegentlich verschmitzt grinsend unter die Röcke zu greifen weil man das nicht machen sollte obwohl wir gar nicht gewusst hätten was wir Buben dort hätten suchen sollen. Unschuldiges treiben im Heustadel würde ich sagen.

Manchmal fanden wir Nester mit Eiern, aber weil niemand wusste wie alt diese schon waren getrauten wir uns nicht diese zu trinken wie wir das bei frischen Eiern gerne machten. Nicht mal die sonst geizige alte Gradinger wollte die Eier aus den Nestern der Scheune haben. Die waren sozusagen vogelfrei und wurden ausnahmslos weggeworfen.

Einmal wollte ich ganz besonders weit springen, rief den anderen zu, dass ich nun weit hüpfen würde und landete mitten in solch einem 'wilden' Nest. Das war eine Riesensauerei weil ich so ziemlich alle Eier dieses Nestes zerfetzt hatte. Von unten bis oben war ich verklebt und als es zu trocknen begann wurde es richtig unangenehm. Es juckte überall. Ich klaubte Schalenreste aus meinen Haaren und der Lederhose die nun weitere eigene Merkmale – wie sich das für einen Bubenlederhose gehörte – aufwies. Klebrige Flecken die erst in den nächsten Tagen abbröckelten und dunkle Stellen am Leder zurückließen.

Wir balancierten wie Seiltänzer über dicke Balken, wussten um die weiche Landung im Heu das uns Sicherheit vermittelte und hatten keine Furcht vor dem Absturz der gewollt oder überraschend hätte kommen können. Auf dem harten Stadelboden ist dennoch keiner je gefallen.

Manchmal waren wir zu übermütig, wahrscheinlich auch laut und wurden dann durch irgendwen vertrieben, was kein Grund war den Heustadel nächsten Tag nicht erneut unsicher zu machen.

Geordnete Kinderspielplätze mit Schaukeln, Klettergerüsten und so weiter gab es nirgendwo. Wir Kinder nutzten unsere Phantasie, spielten mit allem was es gab und überschritten ahnungslos manche Grenze die aus heutiger Sicht ausgeschlossen ist.

Wir rieben die Spitzen von Zündhölzern in dicke hohle Hausschlüssel steckten dann einen dicken Nagel hinein und schlugen beides an eine Hausmauer. Es erfolgte darauf eine Stichflamme und wenn es besonders gelang krachte es wie bei einem Böller. Man hätte sich verletzen können, aber es passierte nichts ausser dem Knall. Allein die Erstellung und die Erwartung der Explosion versetzte uns in Aufregung.

Strohhalme und Löschpapier war untrennbar mit der Schule verbunden. Wenn man Löschpapier genügend kaute konnte man ein kleines nasses Kugerl durch den Strohhalm blasen das dann ziemlich genau im angepeilten Ziel ankam. Das funktionierte nur im Klassenzimmer. Versuche dies auch im Freien zu bewerkstelligen endeten kläglich und so verfolgten wir das nicht weiter. Eine Steinschleuder hingegen war effektiver.

Steinschleudern mit denen wir wahllos auf allerlei Getier schossen gehörten ebenso zur alltäglichen Ausstattung wie Strohhalme die heute noch so heißen obgleich sie nicht mehr aus Stroh sind. Wahrscheinlich war das meiste das wir benutzten nicht keimfrei, dennoch dachte darüber niemand nach. Das soll jetzt nicht heißen, dass damals alles besser war, es war eben anders. Unbekümmerter ist wohl der richtige Ausdruck.

Vergleiche ich die heutige ängstliche Fürsorge von Eltern, Lehrern und Behörden frage ich mich wie wir damals überlebt haben weil wir uns kaum einer Gefahr bewusst waren in die wir hätten geraten können. Vielleicht haben wir aber instinktiven Selbstschutz betrieben der heute zu verkümmern scheint. Ich behaupte: Obwohl wir weniger Schutzvorrichtungen erlebt haben ist uns im Verhältnis weit weniger passiert als das trotz aller Vorsichtsmassnahmen heute der Fall ist.

Holzschuhe

An dem kleinen, sehr schmalen Gässchen zur Hinterau war rechts die ganze Länge über ein Maschenzaun, links Bretterzäune unterbrochen von den Mauern einiger Häuser, aber auch in kleine Gärten konnte man – wenn man sich ein wenig reckte - sehen. Am Maschenzaun begleitete ein ständig wütend bellender Schäferhund jeden Passanten, das war lästig. Das Grundstück gehörte einem mir nicht bekannten Arzt. Glücklicherweise konnte der Hund nicht aus dem Garten, dennoch hatte ich stets Furcht es könnte geschehen und er mich beissen. Ich beeilte mich also immer dem wütenden kläffen zu entkommen.

Etwa in der Mitte des Gässchens war an der Hausmauer eine alte verstaubte Glastüre durch die man spärlich hineinsehen konnte was sich dahinter tat. Eine Tischlereiwerkstatt befand sich darin in der ein älterer Mann mit einer Maschine kurze Holzstücke halbrund schnitt, so dass man bald erkennen konnte, dass es sich um den Rohling eines Holzschuhs handelte. Ich weiß nicht ob er dabei auf verschiedene Grössen geachtet hat, vermutlich schon. Diese Rohlinge warf er auf einen immer größer werdenden Haufen bis sich ein kleiner Holzschuhberg bildete von dem die obersten manchmal nach unten kullerten. Deutlich war der dicke Absatz zu erkennen und es klackerte hölzern wenn wieder ein Schuh auf dem Berg landete. Gerne hätte ich mehr darüber erfahren, aber die andauernd wütende Bellerei des Arzthundes schränkte mein Interesse stets ein.

Ein andermal sah ich wie er das Holz abschliff damit kein Spriessel den Fuss verletzen konnte. Es staubte stark und der Mann war über und über mit feinem Holzstaub bedeckt. Glatt, kühl, fast seidig wirkte dann der unfertige Holzschuh. Die Luft roch nach trockenem bearbeiteten Holz, das ist ein ganz bestimmter Geruch der mich stets in seinen Bann zieht und den man überall wo trockenes Holz be- und verarbeitet wird entsteht.

Aus den unterschiedlichen Beobachtungen ergab sich für mich irgendwann der zusammenhängende Arbeitsablauf zur Herstellung solcher Holzschuhe. In dieser Werkstatt wurden offenbar nur Holzschuhe gemacht.

Wieder ein andermal konnte ich – als im Sommer die Tür offen war - beobachten wie der Mann halbrunde gewölbte Lederhüllen an die Seiten nagelte. Die Lederhüllen hatte er zuvor eingefettet und entnahm sie einem Behälter der fettverschmiert war und in dem sie geformt worden waren damit sie dem Fuss Zugang gewähren konnten. Das Anbringen des Leders ging blitzschnell. Dazu benutzte er kurze Nägel mit breitem Kopf. Jeder Schlag mit dem Hammer saß und wenn er einen Schuh fertig hatte stellte er ihn zum Gegenstück. Offenbar waren sie doch nach Größen und Paaren geordnet wenngleich ich sein Sortierprinzip nicht verstand. Es musste wohl auch linke und rechte Holzschuhe geben...

Diese Art von Holzschuhen wurden hauptsächlich von den Bauern verwendet, kosteten wenig und die Haltbarkeit schien sich zu rechnen. Es waren Arbeitsschuhe wie man sie auf jedem Bauernhof finden konnte. Eine kurze Renaissance erlebten diese Art von Holzschuhen in den 1970er Jahren als Mode-Accessoire. Man nannte sie Clocks und es sah furchtbar aus wenn Männer wie Frauen mit diesen unförmigen 'Schuhen' daherstapften. Ich habe sie ausprobiert fand es beschwerlich darin zu gehen und habe sie umgehend entsorgt. Gottlob hielt sich die Torheit nicht lange. Heute ist so etwas verschwunden.

Ob sich die Holzschuhe als Arbeitsschuhe auf dem Land gehalten haben weiß ich nicht. In Holland werden sie wohl auch nur noch für Touristen getragen sind aber anders als die beschriebenen mit Leder bezogenen, ganz aus Holz.

Evi

Evi war zwei oder drei Jahre älter und einen halben Kopf grösser als ich. Ihre beiden langen dunkelblonden Zöpfe wurden von Annatant liebevoll geflochten und schienen wie ein Markenzeichen von Evi zu sein. Jeder schien ihr kräftiges Haar zu bewundern.

Gleich nach dem Krieg war sie mit ihren Eltern und älteren Geschwistern bei den beiden 'Tanten' einquartiert worden. Sie lebte vorübergehend bei ihnen und zwar so lange bis sie ihren Eltern nach Kanada nachreisen würde. Ihre Eltern waren mit ihren Geschwistern ein Jahr zuvor ausgewandert und wollten – wenn sie dort Fuß gefasst hatten – ihre kleine Tochter sobald als möglich nachkommen lassen. Sie schickten jeden Monat sogenanntes Kostgeld an Annatant.

Evi war für mich wie ein Ersatz für meine ältere Schwester die zu meiner Großmutter ins ferne Berlin geschickt worden war weil mein physischer Vater darauf bestanden hatte.

Aber Evi war bald mehr für mich. Das lag wohl auch daran, dass sie mich oft in den Arm nahm und mich streichelte wenn ich traurig war, dass meine Familie – das heißt meine Mutter und mein richtiger Vater – unrettbar zerstritten waren. Dann raunte sie leise, dass auch sie Sehnsucht nach ihrer Familie habe. Vielleicht könne ich ja später nach Kanada nachkommen wenn ich größer sei und dann würden wir heiraten.

Manchmal spielten wir Vater und Mutter, aber weil sie etwa drei Jahre älter und größer als ich war, meinte sie dann scherzhaft, dass ich schneller wachsen sollte, sonst würde später aus unserer Heirat nichts. Wir hatten für unser Spiel eine Ecke des Sägespäneschuppens wie eine kleine Kinderwohnung eingerichtet. Ein Brett war der Herd, ein anderes der Küchentisch, Sessel, Bänke und so weiter. Fantasie war gefragt denn irgendwelches Plastik gab es nicht. Manchmal aßen wir aus der beiden alten Damen Gemüsebeete frisch gezupftes Gemüse und ahmten das Gehabe der Großen nach. Gestritten haben wir meiner Erinnerung nach nie.

Evi, weil ein Mädchen, wurde im Haushalt der beiden 'Tanten' anders eingesetzt als ich. Nicht dass sie niedere Dienste hätte verrichten müssen, aber sie hatte Aufgaben zu erledigen, besorgte Botengänge oder sonstige zumutbare Hausarbeiten.

Ich pendelte wohnmäßig zwischen den beiden Tanten und der neuen Familie meiner Mutter nach gutdünken hin und her und das schien allen Beteiligten recht zu sein.

Nachdem mein Stiefvater mir kürzlich ein nagelneues Fahrrad geschenkt hatte war ich in jenen Tagen von denen ich erzähle mehr bei der neuen Familie.

An diesem Tag war ich mit Freunden und dem Fahrrad unterwegs. Evi begegnete mir auf dem Rad, stieg ab und erzählte, dass sie unterwegs sei um bei einem Bauern Hühnerfutter für Annatants Hühner zu besorgen. Sie fragte ob ich Lust hätte sie zu begleiten.

In Anbetracht des neuen Rades und unter Berücksichtigung des schotterigen holprigen Weges zum Bauern winkte ich ab und ließ sie alleine weiter strampeln.

Wir Jungens hatten unsere Räder an eine Hausmauer gelehnt und spielten auf der kleinen angrenzenden Wiese Fußball. Nachdem damals nicht viele Autos fuhren war es nicht weiter schlimm, wenn manchmal der Ball über die Strasse rollte. Man schaute links dann rechts und holte die Lederkugel.

Ein Fuhrwerk kam mit trabenden Pferden heran und der darin fahrende Mann rief einer Frau auf der anderen Strassenseite zu, dass Richtung Geinberg was schlimmes passiert sei. Er berichtete der Frau die erschrocken die Hand an den Mund legte was vorgefallen war. Ein furchtbarer Unfall sei geschehen.

Das war etwas für uns, endlich etwas los! Es war ja nicht weit zur Gabelung nach Geinberg und mit dem Rad schnell zu erreichen. Wir radelten aus dem Ort und waren bald am Unfallort. Dreißig vierzig Menschen waren schon da und gafften. Wir erklommen die steile Böschung um besser sehen zu können und dann glaubte ich, dass mich ein Blitz traf.

Ein Lastwagen stand auf der Schotterstrasse im Strassengraben ein zerbeultes Fahrrad das ich als Gestell von Annatants Fahrrad erkannte und dann sah ich ein Mädchen in einer großen Blutlache liegen rundherum waren Körner verstreut. Man hatte die leblose Gestalt bereits mit einer grauen Decke zugedeckt. Ein Zopf lugte aus ihr hervor. Mein Puls raste und ich fühlte mich als sei ich gelähmt als einer meiner Fußballkameraden leise fragte „ist das nicht Evi?"

„Hoffentlich nicht..." ich weiß noch genau wie fest ich davon überzeugt war, dass sie noch lebte und die Rettung jeden Moment kommen würde. Sehnsüchtig wartete ich auf das Hornsignal des Krankenwagens der nicht kam. Aber dann vernahm ich von den Leuten weiter unten, dass die arme Kleine tot sei. Sie stellten Mutmaßungen an wie das Unglück geschehen war. Sie sei mit dem Vorderrad an einem großen Stein geraten, kam ins strauchen und sei vor den Lastwagen gefallen der sie dann überrollt hatte. Ich wollte an den Leuten vorbei zu ihr, da hielt mich irgendjemand zurück und ich begann zu schreien wollte nicht glauben dass es Evi war die in ihrem Blut lag bevor ich mich selbst davon überzeugt hatte.

Sie trennten mich von ihr und ich trat um mich bis mir ein Mann eine schallende Ohrfeige gab.

Leise weinend hielt ich mein schmerzendes Ohr sah ich zu wie fremde Männer Evi in einen weißen Sarg legten und ihn in den von Pferden gezogenen Leichenwagen schoben.

Ich fuhr eilig zu Annatant und sah sofort, dass sie es schon wusste. Sie saß zusammengekauert am Küchentisch hatte die Hände gefaltet und ihr Gesicht war Tränennass. Ihre Schultern zuckten hilflos. Ich sank zu ihren Füßen und schluchzte die Arme um ihre Beine geklammert mit ihr.

Ihre Beerdigung habe ich dramatisch in Erinnerung. Niemand aus ihrer Familie war erschienen. Kanada war weit und die Reise teuer. Meine beiden alten Damen trugen die Bürde allein.

Im Leichenhaus, einem kleinen Gebäude neben der Kirche rief der Pfarrer seine rituellen beschwörenden Verse. Evi lag blass mit gefalteten Händen in einem weißen Kleid von Blumen umgeben im Kindersarg. Sie schien zu schlafen. Da riss ich mich von Annatants Hand los und rüttelte am seitlichen Sargbrett, flehte sie solle aufstehen, das sei kein Spiel. Die Anwesenden schienen von meiner Reaktion verstört zu sein und es dauerte eine Weile bis sie mich vom Sarg entfernen konnten.

Als man den weißen Sarg langsam in die tiefe Grube senkte lief ich weinend davon und verkroch mich im Sägespäneschuppen. Es tat unglaublich weh zu erfahren was der Tod eines lieben Menschen bedeutete. Die Endgültigkeit machte so hilflos.

„Evi, warum tust du mir so weh?" wimmerte ich immer und immer wieder. Irgendwann am Nachmittag zog mich Marietant resolut aus dem Schuppen und brachte mich zu meiner Familie.

Bis heute habe ich Evi nicht vergessen können und das ist gut so.

Dögls Turnunterricht

Eine eigene Kategorie an pädagogischer Höchstleistung im negativen Sinn war Dögls Turnunterricht und sein offensichtliches Wissen um Gruppenbewegungen.

In der Turnhalle gab es zwar alle Gerätschaften für ordentlichen Turnunterricht, benutzt wurden sie in seiner Anwesenheit allerdings nie. Die Gestelle die uns nicht mal dem Namen nach bekannt gemacht wurden, befanden sich auch in jener Schule die ich nach der Übersiedlung in Deutschland besuchte. Mein Nichtwissen der Bezeichnung jener Geräte oder gar deren Benutzung blieb mir bis dahin fremd.

Wir mussten zum Beispiel als Turnunterricht bei ihm Völkerball spielen, eh klar, andere abschießen, oft heimtückisch und noch öfter brutal. Ganz gemein wurde Dögl wenn wir im Turnsaal im Kreis und Gleichschritt zu laufen hatten während er mit einer Trommel den Takt dazu schlug. Immer schneller und schneller bis einer nicht mehr konnte. Dann schrie und brüllte er denjenigen nieder bis er dann zynisch wurde und ganz leise abfällig über unwertes Leben sprach als unterhalte er sich mit sich selbst. Dabei blitzten seine blauen Augen unter der blonden Haartolle des Paradeariers der – für ihn, leider - eine Spur zu klein geraten war. Dögl war nämlich im Vergleich zur Körpergröße der anderen Lehrer ein abgebrochener Meter, ein Zwerg! Nein, das stimmt nicht, er war halt nur mindestens einen Kopf kleiner.

Unter meinen Mitschülern waren viele aus zusammengewürfelten Familien und kaum einer hatte rein österreichische Eltern. Viele Väter waren aus dem Krieg nicht zurückgekehrt und die Mütter hatten 'Zuagroaste' als Partner genommen. Manche waren überhaupt in anderen Ländern geboren oder Staatenlos in Österreich gestrandet.
Auch mein Stiefvater, ein Volksdeutscher aus Jugoslawien war solange er sich in Österreich befand, Staatenlos. Selbst wenn er es versucht hätte, er konnte mich gegen diesen Prachtarier Dögl (nomen est omen) nicht beschützen ohne Sanktionen fürchten zu müssen. Er tröstete mich immer damit, dass das alles nicht mehr lange dauern würde. Und Gottlob, Ende 1957 war es dann so weit. Wir zogen nach Deutschland und ich genoss dort nicht nur in der Schule jene Achtung die einem menschlichen Lebewesen entgegenzubringen ist und zusteht, sondern auch ausserhalb der Schule.

Oja, wir liefen nicht nur im Kreis beim Herrn Klassenlehrer Dögl. Manchmal mussten wir auch Hechtrollen machen. Er machte sie nicht vor, seltsam, ich hatte stets der letzte zu sein und es war von vornherein klar, dass er mich schmerzhaft berühren würde. Ich kann mich an keinmal erinnern, dass er nicht versucht hätte mich zu treffen.

„Hilfestellung" sagte er dann gemein aus blitzenden blauen Augen feixend. Einmal war es so schlimm, dass ich umkippte und kurz die Besinnung verlor weil seine Faust seitlich in meine Rippen traf, mir den Atem nahm und ich daraufhin auf die Matte herunterklatschte wie ein Kuhfladen. Er schien kurz besorgt und sah mich fragend, fast bittend mit jenem Blick an den ich später bei Angeklagten der KZ-Prozesse gesehen habe wenn die Opfer ihnen gegenüber gestellt wurden. Ich behaupte nicht, dass er ein Nazi war, aber nachdem was ich heute über diese Leute weiß, benahm er sich wie einer.

mit gewinnendem Lächeln sagte er dann gleich darauf

„Da reden wir nicht drüber, das kann passieren" und ich habe mich tatsächlich nicht getraut irgend jemand über seine verdeckten sadistischen Gemeinheiten zu erzählen weil er mir kurz wohlgesonnen schien.

Gottlob mussten wir während des Sommers nur bei Regenwetter in die Turnhalle. An Turnunterricht als Unterweisung in der Fertigkeit gewisser Sportdisziplinen oder gar Talentförderung kann ich mich in österreichischen Schulen, zumindest in die ich gehen musste, nicht erinnern. An Bewegungsübungen mit gesundheitsförderndem Inhalt auch nicht. Weitsprung, spring so weit du kannst. Technische Unterweisung, sinnerfassende Bewegungserklärung oder Versuch einer solchen, Fehlanzeige.

Hochsprung, hüpf halt irgendwie über die Stange oder das Seil. Laufen, der Erste ist Sieger. Kein Speerwurf, Diskus, Kugel, nichts! Ringe, Barren, Stufenbarren und so weiter, nichts! Wie erwähnt, die Geräte waren vorhanden nur genutzt wurden sie nicht und da habe ich einen Verdacht. Dögl der Arierzwerg war ein Hochstapler der keine Ahnung von turnerischer Leibeserziehung hatte. Ja Leibeserziehung, noch bis vor wenigen Jahren stand dieser Nazinahbegriff in jedem österreichischen Zeugnis.

Wie stiefmütterlich Turnunterricht in Österreich heute noch behandelt wird habe ich in den vergangenen Jahren bei euch mit bekommen und ich fürchte, dass sich diese Einstellung in nächster Zeit nach wie vor nicht ändern wird. Werden Unterrichtsstunden gekürzt, oder wegen Lehrermangel gestrichen, dann ist zuerst Turnen davon betroffen. Turnen scheint unter Lehrern unbeliebt wie eh und je. Schließlich hat man inzwischen den erklärten Gesundheitsfeind gefunden. Das Rauchen! Keine Diskussion, rauchen ist schädlich, aber wenn man schon von Volksgesundheit spricht darf man die unverschämte Chemiezufuhr in Nahrungs-mitteln nicht vergessen. In fast food und den meisten anderen Lebensmitteln wird schamlos Chemie eingesetzt. Das beginnt bei der Bodenbehandlung, setzt sich über die Düngung und Pflanzenschutzmittel fort und findet in der Haltbarmachung einen weiteren gefährlichen Höhepunkt. Vom Schaden den die Plastikverpackungen in jede Richtung verursachen rede ich jetzt gar nicht.

Ich hätte ich da einen Vorschlag. Die zwangsweise Einführung einer Abgabe die sich an diese Krankheitsverursacher richtet und einem zu gründenden Fond zugeführt wird der die explodierenden Kosten für Krankenbehandlung mindert. Allem was krank macht wird ein Gesundheitseuro zugeschlagen. Je Zigarettenpackung zusätzlich ein Euro, jede Tiefkühlpizza plus ein Euro, jeder sogenannte Milchriegel ein Euro zweckgebunden zum Verkaufspreis dazu. Jeder Hamburger einen Euro teurer plus ein weiterer Euro auf den Verpackungswahnsinn für die labberige Plastiksemmel. Wer dann noch diesen Mist weiterhin kauft leistet wenigstens so einen Beitrag zu seinen entstehenden Krankheitskosten die auf ja Grund des Verzehrs dieser Krankmacher verursacht wird. Schier endlos lässt sich diese Liste fortsetzen. Die Botschaft der Gesundheitsminister muss lauten: werdet euch bewusst was die Hersteller euch andrehen! Besser wäre allerdings durch rigorose Vorgaben bei der Entstehung dieser Nahrungschädlinge von vornherein Einhalt zu gebieten. Aber wen interessiert's, es geht um Profit und Bereicherung.

Leider aber lautet die Botschaft der Gesundheitsminister: Gegen eure falsche Ernährung können wir nichts machen, wir brauchen die Steuern der Hersteller und Verteiler und nehmen daher in Kauf dass ihr dadurch fett und krank werdet aber raucht wenigstens nicht auch noch!

Klingt wie Zynismus ist aber bei näherer Betrachtung überflüssig. Dögls Turnunterricht war das auch.

Schlachttag

Auf Gradingers Bauernhof war manchmal eine eigentümliche Betriebsamkeit die ich – weil ich sie etliche Male erlebt habe – bald einordnen konnte. Tische wurden aufgestellt, auch der robuste Tisch auf dem sonst die Wäsche gebürstet wurde, sowie Tröge und Wannen herbeigeschafft. Zwei kräftige dicke Balken wurde an die Scheunentüre gelehnt und heißes Wasser in den größten kantigen Holztrog gefüllt.

Es war wieder einmal Schlachttag! Was ich genau weiß, an keinem dieser Schlachttage schien die Sonne. Ob das Zufall war, oder gewollt – Wetter für bestimmte Anlässe machen konnte auch damals niemand – also eher Zufall dass es immer ein trüber Tag war.

Von dieser Betriebsamkeit angesteckt wartete ich abseits – ich wollte keinesfalls im Weg stehen wenn die Leute aufgeregt herumbrüllten – was geschehen würde.

Vier Männer gingen mit dicken Tauen in den Händen in den Schweinestall. Man vernahm rumoren, hastig ausgestoßene Kommandos und dann nur noch Schweinequicken.

Das aus Todesangst quietschend zappelnde Schwein wurde an den Ohren aus dem Stall gezerrt. Die Hinterläufe waren zusammengebunden und schleiften auf dem Boden. Von hinten schoben zwei oder drei Leute die sich wehrende Kreatur auf den Schlachtplatz. Die kräftigen Männer hielten das wild zappelnde Tier fest. Hektik und Aufregung bei Wenigen gepaart mit respekteinflößender Routine der an der Schlachtung Beteiligten. Frauen warteten mit Schüsseln und sahen der Szene mit unbewegten Mienen zu.

Mit einem großen Holzhammer wurde auf die Stirn des Schweins gedroschen. Ich sah in Karlis Gesicht – er war der älteste Sohn der Gradingers – die Entschlossenheit das Tier zu töten. Es gab kein Zurück. Mehrmals schlug er zu bis es betäubt zu Boden sackte und immer noch zuckte. Es wurde auf einen Tisch gewuchtet. Einer stach ein langes Messer in den Hals des betäubten Schweines und das dunkle Blut schoss pulsierend in einem dicken Strahl in die darunter gehaltene Schüssel. Als die aureichend befüllt schien hielt eine der anderen Frauen eine andere Schüssel darunter um alles Blut aufzufangen.

„Dauernd rühren!" rief jemand „....es soll nicht stocken!" Das ersterbende Grunzen des Schweins wurde zum Röcheln und dann zunehmend schwächer und schwächer. Es zuckte noch ein wenig, dann war es offenbar tot. Nachdem es ausgeblutet war schoben es die Männer vom Tisch.

Es wurde in den Trog mit heißem Wasser gehievt in den quer Ketten gelegt waren. Kräftige Männer zogen an den Ketten hin und her und schabten damit Haut und Borsten ab. Dabei entstand ein polternd ratternder Klang, ähnlich dem Ton der dabei entsteht wenn die Vorhängekette an einer Türe einrastet. Immer wieder erinnert mich dieses Geräusch an diese vergangenen Schlachttage die ich als Kind miterlebt habe.

Derweil wurde das Blut gerührt, gewürzt und weiter gerührt bis es erkaltete. Die immer noch reichlich vorhandenen Borsten wurden dann mit einem Schaber von der grau wirkenden Schweinehaut entfernt. Oben auf dem Schaber befand sich ein Haken der dazu diente die Klauen abzuziehen. Nun hingen sie das leblose Tier an den Hinterläufen in die Haken der Balken die an der Scheunentüre lehnten.

Ruhig wurde von einem Mann das kurze scharfe Messer geführt das Schicht um Schicht tiefer schlitzte. Die Gedärme quollen dampfend heraus. In der Luft war säuerlicher Geruch von Schweinefutter und Halbverdautem. Ein Tier wurde durch Menschenhand zum Kadaver. Als ich das zum ersten mal sah und fühlte ist mir speiübel geworden und ich war wohl der Einzige dem das Tier leid tat weil es wenige Minuten zuvor noch gelebt hat.

Mit einer Axt wurden dann die Rückgratknochen auseinander gehackt bis das Schwein in zwei Hälften geteilt war. Man zerlegte dann auch diese und trug die Teile weg.

Je öfter ich der Zeremonie beiwohnte umso weniger empfand ich Bedauern für das Tier. Das Ende eines Lebewesens war mir aber immer bewusst.

Mit der aufgeblasenen Schweinsblase (Saublase) spielten wir Fußball bis sie hart geworden und letztlich hin war. Heute kommt mir unser Verhalten vor als hätten wir unser Mitleid mit der Kreatur wie die Blase nach nicht allzu langer Zeit erhärten lassen bis sie einen Riss bekam und in sich zusammensackte.

Onkel Hans

In den frühen Fünfziger Jahren gab es bereits wieder einige Leute die ihre Privilegien und finanziellen Vorsprung gegenüber anderen zeigen konnten. Das äußerte sich teils in amerikanischen Limousinen, oder Kutschen mit rassigen Pferden, Pelzen und Schmuck. Dies alles zur Schau gestellt ergab, dass sie eben reicher wirkten und vermutlich auch waren als andere die sich lediglich durchwursftelten. Bis auf die Limousinen, das Statussymbol der sogenannten 'Neureichen', handelte es sich bei den anderen schönen Dingen um billig erstandene Habseligkeiten von Flüchtlingen die beim "hamstern" oft ihre wertvollsten Besitztümer gegen Nahrungsmittel tauschten um ihre Familien im fremden Land durchzubringen.

Onkel Hans gehörte nicht zu den Neureichen, wenngleich auch er ein Auto besaß. Es war ein Wagen deutschen Ursprungs mit hölzerner Karosserie, auch die Türen, die nach vorne geöffnet wurden waren aus braunem lackiertem Holz mit hölzernen Verstrebungen. Das Auto hatte kein Dach, man saß in bequemen Sesseln auf einem fahrbaren Untersatz. Es knatterte und qualmte wenn es fuhr und es fuhr meistens, eine bläuliche Wolke von Abgasen hinter sich lassend. Sprang der Motor dennoch nicht an stellte er den Gaszug ein und half mit der Kurbel nach.

Der untersetzte gemütliche Mann hatte ein rosiges Gesicht, ein schmaler Haarkranz unterhalb der auffällig seidig glänzenden Glatze zeugte von ehemals hellblonden Bewuchs.

Ständig paffte er dicke Zigarren, oft scherzte mein Stiefvater, er qualme gepresste alte Kommisssocken. Meiner Erinnerung nach nahm er die Zigarre nie aus dem Mund, auch nicht wenn er sprach oder lachte. Und er lachte laut und kräftig wie jemand der sich seiner Wirkung voll bewusst ist. Man musste mitlachen ob man wollte oder nicht. Er verströmte vitale Heiterkeit und die war ansteckend. Man sah Onkel Hans nicht aber man hörte ihn, entweder sein Lachen oder sein Auto. Umtriebig und geschäftig war er. Keiner wusste genau womit er sein Geld verdiente, aber das Auto war Beweis für seinen Erfolg. Soweit ich mich erinnern kann hatte er eine Kriegsverletzung. Einen Granatsplitter im seitlichen Rücken der operativ nie entfernt werden konnte. Einmal habe ich die Tiefe Einkerbung an seinem Rücken gesehen als er sich mit entblößtem Oberkörper über das Lavoir gebeugt wusch. Die Wunde schien verheilt und blieb Teil von ihm.

Eines Tages nahm er mich, Gerhard und Franz auf eine Spritztour mit, wie er meinte. Freudig stiegen wir ein kletterten in den Fond und das Auto setzte sich in Bewegung. Es fuhr schneller als die Pferde oder ein Fahrrad, viel schneller. Den Fahrtwind zu spüren durch die hügelige Landschaft zu brausen war ein beglückendes Gefühl. Atemberaubend schnell flogen die Alleebäume an uns vorbei, das Auto roch nach Benzin, Zigarrenrauch und nach großer unbekannter Welt. Onkel Hans steuerte das Auto über die Landstrassen Richtung Salzkammergut sang vergnügt Lieder aus dem Krieg wie alle anderen damals auch und die Zigarre blieb dabei im Mund. Viel zu kurz schien uns die Fahrt als er zielsicher vor einem Haus in der Nähe des Attersees hielt und uns gebot im Wagen zu warten. Mit gewichtigen Schritten betrat er das Gebäude. Wir Jungens sahen uns im Wagen um, bewunderten die vielen Knöpfe und Hebel deren Bedeutung geheimnisvoll erschien. Gerhard sagte

"das ist der Scheibenwischer" und deutete auf einen schwarzen Hebel. "Und das ist der Anlasser" sagte Franz wichtigtuerisch. Wir glaubten ihm denn sein Vater hatte ein Motorrad und da war er immerhin schon vorbelastet, technisch gesehen. Ich konnte eigentlich nichts zur Erklärung des Autos und seiner Funktionen beitragen, weil dies meine erste Fahrt in einem Auto war. Ich genoss es in den Ledersitzen zu versinken die sich warm, glatt und behaglich anfühlten.

Nach einer Weile kam Onkel Hans wieder heraus und wirkte sichtlich beschwingt als er ins Auto stieg. Offenbar hatte er ein gutes Geschäft gemacht. Seine positive Stimmung übertrug sich auch auf den Wagen, denn der sprang sofort an. Auf der Heimfahrt hielt er bei einem Gasthaus an und lud uns auf ein Kracherl ein, nicht eines für drei, nein, jeder bekam eines! Ein Hoch auf die Geschäfte von Onkel Hans, denn die waren ja der Quell seiner Freigiebigkeit. Er trank einen Krug Bier und der Schweiß glänzte auf seiner Glatze. Leider kann ich mich nicht erinnern ob er auch beim trinken die Zigarre im Mund ließ, wahrscheinlich schon. Der Gastgarten war mäßig besucht, Onkel Hans schrieb irgendwelche Notizen in ein kleines schwarzes Buch und weil der See nur wenige Meter weiter unten lockte dauerte es nicht lange bis wir am Ufer standen und Steine 'blattelten' wie wir das nannten. Wir schleuderten kleine flache Steine ins Wasser und zählten wie oft sie hüpften.

Die Fahrt nachhause ging viel zu schnell vorbei, als wir dann in unserer Strasse aus dem Auto kletterten sahen uns einige Buben aus meiner Klasse neiderfüllt zu wie wir uns bei Onkel Hans für den Ausflug bedankten. Nie wieder habe ich eine schönere Reise gemacht als die an jenem Sommernachmittag in den frühen Fünfzigern.

Erstkommunion

Für mich als Buben war die Erstkommunion deshalb so wichtig weil ich glaubte dadurch einen weiteren Schritt zum Erwachsenwerden zu machen. Wie die älteren würde ich nun während der Messe die Kommunion empfangen können.

Meine Mutter hatte mir ein weißes Hemd genäht und mein dunkler Anzug war vom Nachbarsohn geliehen. Sogar eine Kommunionskerze hatte ich. Annatant hatte sie gekauft.

Die Beichte hatte ich hinter mich gebracht und als Strafe beziehungsweise Buße für meine lächerlichen Sünden vor dem Altar brav die aufgetragene Menge 'Vaterunser' und 'gegrüßet seist du Maria' gebetet. Schon damals habe ich mich gefragt wer kontrolliert ob man die 'Buße' tatsächlich absolviert. Der Priester sicher nicht, denn in seinem Beichtstuhl kniete ja gleich darauf der nächste 'Sünder'. Damit war er zumindest abgelenkt und Gott hatte sicher besseres zu tun als nachzuzählen wie oft ein kleiner Junge die vom Pfarrer auferlegten und geforderten Gebete herunterleiert.

Ich erinnere mich genau an den Tag meiner Erstkommunion. Das Wetter war nicht besonders. Es war bewölkt, aber regnen würde es nicht und wir – meine Mutter und ich – waren aus irgendeinem Grund den ich vergessen habe spät dran. Ich drängte, wollte nicht zu spät kommen, hatte Hunger – weil man ja vor dem Empfang der Hostie nichts essen soll – und der ungewohnte Anzug drückte überall. Das war nicht festlich sondern lästig und eine Haarspange musste ich wegen meiner stets in Gesicht fallenden Haare auch tragen.

Meine Mutter trug die Schachtel mit der Kommunionskerze. Wir liefen gen St. Laurenz und niemand ausser uns war noch auf der Strasse. Die anderen waren rechtzeitig in der Kirche. Wir waren also die letzten. Warum kann bei mir nichts normal ablaufen fragte ich mich nicht zum erstenmal? So auch an diesem Tag. All die anderen waren mit ihren Familien in der Kirche. Hatten sich vielleicht zuvor noch auf dem Kirchhof miteinander unterhalten, hatten die Kirche mit Vorfreude und zur rechten Zeit betreten. Und ich, zu spät!

Wenigstens hatte ich eine eigene Kommunionskerze...

Wir hetzten am Pfarrhaus vorbei, liefen durch den Friedhof vor der Kirche und...

...dann geschah es! Meiner Mutter fiel aus der Schachtel die Kommunionskerze heraus und polterte zu Boden. Ein dumpfes Geräusch, eigentlich ohne Folgen, dachte ich. Die lange schmale Schachtel hatte sich aber geöffnet und die Kerze war nun gebrochen. Sie wurde knapp über der Mitte nur noch vom Docht zusammengehalten und wackelte geknickt. Selten habe ich mich mehr geschreckt als in diesem Moment als mir klar wurde, dass das für mich wichtigste Utensil der Kommunion hin war.

Meine Mutter sah mich bedauernd an. Ich weiß von ihrer Reaktion sonst nichts mehr, aber an mein Gefühl das ich hatte erinnere ich mich genau. Nicht wütend war ich ob des Missgeschicks, nur unendlich traurig sodass ich umgehend mit den Tränen kämpfte.

„Wir müssen uns beeilen" stieß sie hervor „Wir können sie zusammenkitten! Nachher!" sie versuchte mich zwar zu trösten, aber das war vergeblich und sie schob mich hastig in die Kirche.

Ich zwängte mich leise in die Reihe zu den Schulkameraden. Die Messe hatte längst begonnen. Todunglücklich hielt ich meine Kerze in der Mitte und nicht wie die anderen mit Stolz ganz unten fest. Als ich dann die Hostie empfing musste ich kurz die Bruchstelle loslassen und die Kerze kippte zur Seite weg. Der Priester übersah routiniert seine Handlung weiterführend, dass ich mich für meine Kerze schämte. Es war für mich wesentlich, dass die gebrochene Kerze sich wie ein Stich ins Herz anfühlte und es konnte später all der Trost meiner Mutter oder die Anteilnahme Annatants nicht helfen mir das Gefühl von Vollkommenheit zu vermitteln das ein Junge dieses Alters bei der Erstkommunion empfindet. Man muss meine Gefühle im Kontext zur Zeit sehen wo Religion in einem noch kurzen Leben auf dem Lande eine wichtige Rolle spielte. Ich empfand es als Mangel und der blieb zwar unsichtbar, aber noch lange an mir haften.

Nach der Messe machte meine Mutter vergebliche Versuche die Kerze aneinander zu kleben, aber es hielt nur kurz zusammen wenn sie versuchte mit der Streichholzflamme das Wachs aufzuweichen und es aneinander drückte. Im Gegenteil, das Wachs tropfte herunter und der Docht war bald ganz freigelegt. Sie war wie zwei aneinander gekettete Stücke. Selbst die Ornamente auf der Kerze waren teilweise abgebröckelt. Sie blieb kaputt.

Im ehemaligen Kindergarten gab es danach für alle Kommunionkinder Kakao und Streuselkuchen und die Kerze spielte zunächst keine vordergründige Rolle mehr. Sie lag vorübergehend wieder im schmalen Karton. Erst später wieder würde sie noch einmal gebraucht.

Wenn ich das am selben Tag beim Fotografen aufgenommene Gruppenfoto meiner Erstkommunion betrachte erkenne ich mich als mühsam lächelnden Jungen der seine Kommunionskerze krampfhaft in der Mitte zusammenhält und eigentlich nur will, dass das alles bald vorbei ist.

Bei Gericht

Auch in einem Dorf gibt es Familienfehden wie überall auf der Welt. Die Gründe hierfür sind vermutlich nicht anders als jene in einer Stadt.

Mit etwa 10 Jahren war ich als Zeuge vor Gericht geladen weil ich zufällig in der Nachbarschaft eine Handgreiflichkeit zwischen zwei verfeindeten Verwandten beobachtet hatte.

Wir Kinder, spielten auf einer Wiese Fussball. Erwin einer meiner Schulkameraden hatte gemeint, dass die Wiese seiner Familie gehöre und wir von dort nicht vertrieben würden. So bauten wir die Tore auf, das waren herabgefallene Zweige eines Obstbaumes, bildeten die Mannschaften, in diesem Falle je drei und eröffneten das Match.

Unser Treiben schien den Besitzer der Wiese – einen der vielen Onkel Erwins - zu stören. Lautstark und unter allerlei Beschimpfungen, dessen Zusammenhang ich nicht verstand, plärrte der Onkel eigentlich nur Erwin an. Erwin lief davon und holte seinen Vater zu Hilfe um seinem Verwandten sein Recht für die Benützung der Wiese darzulegen. Der kam und zeterte mit dem Eigentümer herum. Zunächst wurde geschimpft, bald darauf ertönten steigernd derbere Schimpfworte und es wurde zunehmend aggressiver geschrien. Die bis dahin möglichen Worte schienen aufgebraucht und plötzlich begannen die beiden Kontrahenten zu raufen. Zuerst Tritte, dann Fäuste und am Ende wälzten sie sich ineinander verkeilt gegenseitig verfluchend auf dem Wiesenboden. Der Unterlegene meinte dann zornbebend, dass sie sich vor Gericht wieder sähen, raffte seine zerrissene Hose zusammen, presste ein Taschentuch auf die blutende Wunde an der Wange und eilte fluchend davon.

Wir hatten diese unschöne Szene beobachten müssen und ich erinnere mich als sei es heute vorgefallen, dass ich wie gelähmt dabeistand und dem Sinn dieser Auseinandersetzung nicht folgen konnte. Die wesentlich tiefer liegenden Gründe die dem Streit vorausgegangen sein mussten waren mir ja nicht bekannt.

Die gemähte Wiese auf der Kinder barfuss sich einen Ball zuspielten konnte der Grund nicht sein. Sie war der Anlass zum Streit nicht der Grund.

In den folgenden Tagen erwähnte Erwin beiläufig, dass er jetzt keinen mehr aus der Familie des Onkels grüßen dürfe.

Monate später sagte meine Mutter, dass ich als Zeuge vor Gericht müsse und warum ich ihr den Vorfall nicht erzählt hätte. Längst hatte ich die Begebenheit aus meinem Gedächtnis beiseite geschoben. Mir war sie nicht wichtig. Prügeleien unter Erwachsenen kamen in dem Ort öfter vor und keine Besonderheit, dass Kinder dabei zusahen auch nicht.

Das zuständige Gericht befand sich in Mattighofen, mit dem Autobus etwa eine halbe, vielleicht auch eine Stunde entfernt. In Begleitung meiner Mutter, die durch die Auswahl meiner Bekleidung dem Gerichtstermin eine sonntägliche Bedeutung verlieh, warteten wir im dunklen holzgetäfelten Gang bis ich aufgerufen wurde. Erwin war mit seinen Eltern bereits da. Er war der jüngste Spross aus der verfeindeten Verwandt-schaft und auch als Zeuge geladen. Seltsam war für mich, dass niemand miteinander sprach und die Anwesenden aus dem Fenster sahen oder sich mit ihren Fingernägeln beschäftigten. Sie kannten einander gut und taten so als seien sie Fremde.

Wiederholt hatten mir die Menschen meiner Umgebung deutlich gesagt, dass ich vor Gericht lediglich die Wahrheit sagen sollte dann würde mir nichts geschehen. Das fand ich eigenartig. Wieso sollte mir etwas geschehen? Ich hatte weder etwas getan das Strafe nach sich ziehen konnte, noch hatte ich die Absicht etwas anderes zu sagen als das was ich gefragt würde. Die Tatsache, dass mir - dem Unbeteiligten – eventuell Nachteile aus meiner Aussage vor Gericht entstehen könnten machte mir Angst und so betrat ich nachdem mein Name in den Gang gerufen wurde mit meiner Mutter den kleinen Verhandlungsraum. Der Richter um die fünfzig Jahre alt sah mich streng an fragte wie ich heiße und meinte dann zu meiner Mutter: „das kann er selber, gehen sie nach draussen" er wartete bis die Türe geschlossen war und fragte noch einmal nach meinem Namen, wann und wo ich geboren wurde. Zu leise schien ihm meine Antwort und schnarrte mich an lauter zu sprechen. Ich weiß noch, dass ich am ganzen Leib zitterte und mich unendlich verloren fühlte. Keine Ahnung habe ich ob außer dem Richter noch andere Personen im Raum waren. Ich starrte abwechselnd auf das dicke dunkle Kreuz vor ihm und dann wieder auf seinen Strichmund und die lange Kerbe auf seiner fahlhäutigen Wange. Ein Schmiss, wie ich später erfuhr, nannte man das. Studenten in schlagenden Verbindungen fügten sich diese Attribute zu um fortan für Gleichgesinnte leichter erkennbar zu sein.

Er fragte mich streng ob ich denn wisse was die Hölle sei. Sein Mund war eine lippenlose schmale gerade Linie ohne jede Welle, ohne Gnade, ich habe diesen Anblick nie vergessen. Meine kindliche Vorstellung von der Hölle mit den Flammen und Peinigungen, wie sie mir von meinen christlichen Erziehern eingebläut worden war genügte ihm wohl und so schob er mit strengem Blick nach, dass ich dort landen werde wenn ich nicht die Wahrheit sagte. Angst vor Strafe hat jeder der schon mal was angestellt hat und als Kind bewegt man sich oft an diesen Grenzen die Erwachsene ziehen.

Ob denn der Onkel das Wort 'Nazisau' gesagt habe wollte er wissen. Ich wusste es nicht. Die weitere Befragung entsprach dann auch nicht seinen Vorstellungen weil ich zum Tathergang keine zusammenhängenden dienlichen Angaben machen konnte. Mir erschien das Vorkommnis schließlich erst dann interessant als die beiden Männer sich zu prügeln begannen. Nicht vorhersehbare Folgen einer Prügelei unter Erwachsenen und dabei freigesetzte Emotionen samt wütendem Körpereinsatz überstiegen meine

Vorstellungskraft. Das hatte die Dimension eines unerwartetes Naturereignisses und war – ich gebe es zu – aufregend, erhöhte meinen Puls durch meine mich übermannende unbekannte Angst und dem Entsetzen, dass Elemente sich verselbständigten. Nicht so wie heutzutage ein Boxkampf bei dem vorher feststeht, dass die beiden sich nach feststehenden Regeln verhauen werden. Aber was ich dabei gedacht hatte als die Männer handgreiflich wurden das hätte ich dem Richter nie gesagt. Dafür hätte er mich doch aburteilen können. Seine Macht war die Einweisung in die Hölle. Instinktiv schützte ich mich vor dem Allmächtigen mit dem Strichmund indem meine Erinnerung wie gelöscht schien und ich rein gar nichts aussagte. Durfte, ja konnte er meine Gedanken bestrafen?

Aus mir kam keinerlei zweckdienliche Information. Ich sagte nichts aus. Viel zu groß war die Angst in die er mich durch die Höllengeschichte versetzt hatte.

Die ganze Zeit über war mir in dieser freiheitsbedrohlichen Umgebung total elend auch hinterher dauerte es lange bis ich das Gefühl hatte wieder frei atmen zu können.

Niemals waren die Worte „du kannst gehen" erlösender als an jenem Tag.

Ein Himbeerkracherl und dazu eine Semmel mit warmem Leberkäse während wir auf den Bus warteten machten diesen Tag nicht nur mit meiner Kleidung mitten in der Woche dann doch zu einem Sonntag. Einem Feiertag allerdings mit Beklemmung.

Monate später erzählte mir Erwin mit familiensolidarischem Stolz, dass sein Onkel zu einer hohen Geldstrafe verurteilt worden sei, schließlich sei der Onkel nicht in der Waffen-SS gewesen und hätte keine wichtigen Freunde. Das Wort Seilschaft war damals noch nicht im politischen Sprachgebrauch.

Auch vierzig Jahre später als Beteiligter an Gerichtsverfahren hatte sich an der gängigen Praxis österreichischer Gerichtsbarkeit kaum etwas verändert, nur die Gesichter. Zwischenzeitlich sind schlagende Verbindungen meines Wissens verboten.

Ich vermute, dass jener Richter einige Jahre vorher unter seinem größenwahnsinnigen Herrn ganz andere Verhandlungen geführt hat und er die von ihm einem Kind gegenüber erwähnte Hölle mit reichlich Nachschub versorgt hat. Für sein menschenverachtendes anmaßendes Tun wurde er – wie viele seiner Kollegen auch - wahrscheinlich nie zur Verantwortung gezogen.

Was ich gerade erzählt habe ist eine Vermutung, es kann auch nicht stimmen was ich dem Richter unterstellt habe und er war im sogenannten 3. Reich ein gerechter Richter.

Aber Angst hat er mir gemacht und die wäre nicht nötig gewesen.

Die Amerikaner

Es war etwa 1954. Die Amerikaner hielten ein Manöver in der Nähe des Ortes ab. Den ganzen Tag wurden Truppen verschoben und irgendwann am Nachmittag lagerten sie an und in einem Bauernhof nicht weit von der Schule. Wir Buben waren natürlich neugierig und näherten uns interessiert. Viele dieser Uniformierten benahmen sich – wie wir glaubten – seltsam. Sie kauten fast ohne Unterbrechung – ähnlich wiederkäuender Kühe – allerdings in der Bewegung schneller und man sah ebenso wenig wie bei den Kühen was sie kauten. Wir bewunderten diese Menschen weil sie im Gegensatz zu Kühen dabei auch noch miteinander sprechen konnten. Ihre Laute waren aber völlig anders als uns bisher bekannt war und die Musik die sie ungeniert laut hörten war völlig anders als ich sie bis dahin kannte. So etwas hatten wir nie zuvor gehört. Auch bewunderte ich die Selbstverständlichkeit ihres Auftretens in fremder Umgebung. Welche Konsequenzen ein Krieg – sei er verloren oder gewonnen – hatte, interessiert einen zehnjährigen nicht. Die für mich fremde Musik kam aus einem Funkgerät oder so ähnlich. Wir trauten uns bald ganz nahe an die Amis heran und weil ich schon das erste Jahr englisch in der Schule hatte konnte ich manches von dem was sie sagten sogar verstehen, ja manchmal sogar antworten und sie verstanden meine zaghaften Wortversuche. Das empfand ich wohltuend. Ich erinnere mich aber auch an mein Bedauern die Sprache nicht besser zu sprechen und zu verstehen.

Ob mein Vater rauche, wollte ein Mann mit dunkelbrauner Hautfarbe wissen; deutete mit der Hand die Bewegung an die man rauchend machte. Keine Ahnung, sagte ich, der war ja nicht in meinem Umfeld, aber das und die Umstände warum das so war in seiner Sprache zu erklären... da war ich überfordert und sagte, dass es keinen gäbe. Das war nicht einmal gelogen, es gab ihn ja wirklich nicht. Ob meine Mutter rauche, fragte er dann. Ja, sie tat es. Ich antwortete wie in der Schule und als er laut lachte entblößte er sehr weiß und gesund wirkende Zähne. Niemehr haben ich so große und vor allem weiße Zähne gesehen wie damals als er mir eine angefangene Packung 'Lucky Strike' in die Hand drückte. Er warf einen neuen Kaugummi in seinen Mund und gab mir eine kleine Schachtel mit dem Rest der kissenförmigen Pillen die man knackend zerbeissen und dann kauen konnte.

Vieles verstand ich nicht was sie sprachen, es war zu schnell und wie ich später erfuhr waren auch Dialekte dabei. Sein Kamerad der an einem Jeep mit einer überlangen leicht wippenden Antenne lungerte drehte die Musik noch lauter und swingte fingerschnippend mit Da hörte ich zum erstenmal dieses Lied das mich sofort in den Bann zog. Ein Lied das durch Rhythmus anregte seinen Körper in leicht tanzende Bewegungen zu bringen. Das war eine völlig andere Musik als 'Mariandl' Heimatschnulzen, verquere

Deutschtümelei oder was man sonst noch alles durch österreichisches Radio vorgesetzt bekam. Der Schwarze - weil ich ihm scheinbar beeindruckt vorkam – sagte mir den Titel, aber ich verstand ihn nicht. Gleich darauf erklangen Orchestermelodien, schmissig, swingend und das gefiel mir ebenso. Ich muss wohl ziemlich gestrahlt haben, denn er drehte die Musik augenzwinkernd noch etwas lauter. Mir war in diesem Moment klar, dass ich mehr von dieser Musik hören wollte. Die Melodien blieben bis heute in meinem Gedächtnis und bekamen Namen als ich Jahre später Glenn Miller hörte und Ella Mae Morse mit 'Blacksmith Blues' wahrnahm. Höre ich heute diese Musik taucht das Bild mit den auf dem Bauernhof lagernden Amerikanern immer wieder auf.

Die Amis wirkten ungezwungen und lässig, waren sich mit sich selbst beschäftigt und kümmerten sich kaum um die sie offen oder heimlich begaffenden Einwohner. Sie schienen an Kontakten wenig bis nicht interessiert und das – so vermute ich heute – war beidseitig. Wir Kinder erlebten die Situation wie sie war. Dass Amerikaner im Land waren war eine Tatsache und daher nicht ungewöhnlich. Wir mussten die Frage nach einem Warum nicht stellen und hätte – weil wir das Land vorher nicht kennen konnten – keine anderen Verhältnisse herbeisehnen können.

Von den Erwachsenen hörte ich immer nur den stereotypen Satz dass 'der Krieg' verloren wurde und deshalb die Amis hier seien. Du kannst dir als Kind keinen Krieg vorstellen, daher nahm ich deren Anwesenheit ohne Bedauern zur Kenntnis.

Eine Geschichte fällt mir dazu noch ein.

Sie wollten Weißbrot und gaben uns Geld um es zu besorgen. Ich kannte die Preise für Brot aus Botengängen für meine Familie und wunderte mich, dass der Bäcker als er hörte dass die vielen Weißbrote für die Amerikaner die am Bauernhof lagerten seien, fast das doppelte seines Preises verlangte und sagte.

„Die merken das nicht, glaub mir und wenn sie dir Zigaretten geben bringst du sie her, ich gebe dir Brot dafür!" Als er die Brote im Rucksack verstaute gab der sonst eher geizige Mann jedem von uns eine gestrige Zuckerbrezel.

Die Amis schenkten uns tatsächlich wieder Zigaretten, aber ich habe dem Bäcker keine gebracht, sondern sie zuhause abgeliefert.

Der Neue, oder Parallelen

Eines Morgens stand er in der Klasse. Dögel nannte seinen Namen lächelte ihn jovial an und wies ihm einen Platz in der ersten Reihe vor dem Katheder zu. Ein eher ungeliebter Platz für uns weil man dort genauestens beobachtet werden konnte. Trotzdem empfanden wir das als ungerechtfertigte Bevorzugung die umgehend Misstrauen hervorrief.

Ein hübscher Junge war er, zart fast Mädchenhaft mit blonden Locken der artig und in – für mich nur aus Wien bekannter - artikulierter Sprache antwortete. Die Zuwendung Dögels ging über das übliche Interesse hinaus und – wir gestanden es nicht ein – waren aber wahrscheinlich etwas eifersüchtig auf den Blondschopf. In der Pause klopften wir ihn ab, testeten was das Muttersöhnchen zu bieten hatte. Nicht viel, stellten wir beruhigend fest. Sportlich war er nicht und hatte auch keinerlei Ambitionen unseren spontan veranstalteten Weitspuckwettbewerb zu gewinnen. Er meinte affektiert, dass das ekelig sei. Kräftig war er auch nicht, also zum raufen ungeeignet und als ihn einer fragte warum er aus Wien weg sei fing er an zu weinen wie ein Mädchen. Von diesem Zeitpunkt an übertrafen wir uns gegenseitig ihn zum weinen zu bringen und das war leicht. Stieß man ihn nur ein bisschen an heulte er sofort los.

In den folgenden Tagen führten wir ihn vor, auch den älteren Schülern in den Oberklassen. Der wehleidige Knabe – seinen Namen habe ich vergessen - blieb fortan Ziel von verbalen Attacken ebenso wie leichten körperlichen Angriffen stets mit dem Ziel ihn zum weinen zu bringen.

Er revanchierte sich auf eine eigentümliche Art. Im Unterricht verweigerte er nicht wie wir sondern zeigte fast ohne Unterbrechung auf um sein Wissen kundzutun. Ein Grund mehr ihn in den Pausen wieder und wieder zu malträtieren. Und dann beging er aus unserer Sicht ein Sakrileg. Irgendwer aus der Klasse hatte wieder mal was angestellt und er petzte indem er mit dem Finger auf den Übeltäter zeigte. Die ungeschriebene Klassenkumpanei die üblich wie eine Uhrwerk lief änderte sich umgehend. Ein Zahnrad lief falsch. Keiner war nun vor seinen Anzeigen sicher. Schuldige wie Unschuldige, er wählte aus und die Lehrer wurden Erfüllungsgehilfen seiner Rache. Lehrer durften damals noch ungestraft prügeln, offiziell natürlich nicht, aber wer hätte die Nazitruppe der Erzieher geklagt? Also prügelten sie ungeschoren und das Blonderl aus Wien – der erlebte Rachengel - war Lieferant für Sünder. Und es wurde richtig böse, denn er begann zu denunzieren. Wer ihn schief ansah war von seinem Wohlwollen abhängig. Ihm glaubte man, uns nicht und das hatte er bald herausgefunden.

Es kam wie zu befürchten ist, es eskalierte. Blondlocke weinte in den Pausen und etliche von uns im Unterricht.

Dazu kam, der Junge konnte singen. Er sang wirklich schön mit glockenheller Stimme, verpatzte keinen Ton und Lob über Lob regnete auf ihn herab wenn er uns vorsang was wir nicht zustande brachten. Es hieß er sei bei den Sängerknaben gewesen aber letztlich nicht genommen worden. Wenn der als Abgewiesener schon so gut war - wie gut mussten dann die Sängerknaben sein, fragten wir uns. Da schwang eine erkleckliche Menge Neid mit.

Dann war es soweit, eine Entscheidung fiel. Angestachelt durch die Oberklassen lauerten wir dem Jungen nach der Schule auf um ihm einen Denkzettel zu verpassen. Unzählige Schüler hatten sich eingefunden, sicher mehr als die halbe Schule folgte ihm auf seinem Heimweg. Er musste für sein Verhalten bestraft werden, das war auch meine Meinung und war damit in der entstandenen Eigendynamik von Zorn auf den Burschen eingebettet. In welcher Art er bestraft würde war nicht geplant, nur dass etwas geschehen musste um dem Blondlöckchen zu zeigen, dass er sich anzupassen habe. Wir warfen zuerst einige Äpfel nach ihm und er kauerte sich sofort weinend in die große Wiese auf den Boden. Hielt schützend seine Hände über den Kopf. Fortan prasselten immer mehr Geschosse auf ihn herab. Es wurden immer mehr Schüler und es wurde laut. Schimpfworte wurden geschrien und herumliegendes Obst wieder und wieder nach ihm geworfen. Einige Mädchen beteiligten sich genauso daran wie Jungs. Die Steigerung war nicht aufzuhalten und ich bekam plötzlich Angst. Der Junge tat mir leid weil er chancenlos war dem aus den Fugen geratenen Inferno zu entkommen. Ich war zwar zornig auf ihn weil auch ich mir eine Ohrfeige von Dögel eingehandelt hatte die er durch eine weitere Verleumdung initiiert hatte, aber ihn durch eine ausser Rand und Band geratene Horde gerichtet zu sehen und vielleicht schlimmeres... das durfte nicht sein!

„Das ist nicht richtig" sagte ich zu Günther. Der nickte und sah seine Hilflosigkeit und dass es ihm nicht anders erging als mir. Wir waren aber nur zwei die nun nicht mehr mit dieser Bestrafung einverstanden waren. Ein Junge aus einer höheren Klasse drehte sich mit glänzenden Augen und vor Aufregung geröteten Wangen zu uns um und rief

„Jetzt kriegt er was er verdient!" Lust am vernichten lag in diesem Ausdruck. Menge, Meute, Mob, Masse ist gelebte Gewalt im Schutz der Anonymität. Zum Glück für den Jungen kam wenige Augenblicke später ein Erwachsener herangelaufen und kümmerte sich um den Blondschopf. Er richtete den Mitschüler auf der verzweifelt schluchzend auf der Wiese lag.

„Schämt euch!" sagte der Mann in die Runde die sich ebenso schnell zerstreute wie sie sich gebildet hatte und brachte ihn weg.

Den Jungen habe ich nie wiedergesehen. Er fehlte am nächsten Tag und die folgenden Tage auch. Er sei weggezogen erzählte man. In der Schule gab es nicht einmal eine kollektive Bestrafung für diese Entgleisung. Zuviele waren daran beteiligt. Ich habe gelernt was ein Mitläufer ist, was mangelnde Courage bedeutet und schäme mich noch heute für meine Feigheit.

Die Ballfischer

Der Fussballklub des Ortes spielte in einer – sagen wir mal – so einer Art Kreisliga und hatte direkt neben der Ache seinen Sportplatz. Oft – während eines Spieles landete der Ball im breiten sehr seichten Bachbett, schwamm davon und dann entstand eine ungewohnte Hektik ihn heraus zu fischen.

Die Ache ist dort ein breiter seichter Bach gewesen die irgendwo nordwestlich in den Inn mündet. Harmlos aber fließend und das kann einen darin gelandeten Ball leicht davon treiben. Große runde Steine lagen in ihr und machten das herausfischen manchmal recht aufwendig. Man hatte damals nur einen Ball und wenn der ins Wasser fiel und wegzuschwimmen drohte war das Spiel unterbrochen.

Der Sportplatz hatte keine Absperrungen. Die Zuschauer bezahlten freiwillig oder auch nicht. Man nahm es damals scheinbar nicht so genau, ausserdem kannte man sich. Das hatte was mit Ehre zu tun ob man bezahlt...

Fussbälle hatten damals noch eine Seele. Das heißt im Leder befand sich eine Gummiblase, das war die sogenannte Seele die aufgepumpt wurde. Der Schlitz wurde dann mit einem Lederband wie ein Schuh zugeschnürt. Manchmal führte das bei den Spielern zu Platzwunden bei Kopfbällen wenn die Naht die Stirn unsanft berührte.

Gegenüber der Ache waren am Hang des Sportplatzes in mehreren Reihen Holzbretter an niederen Pfosten befestigt. Das waren die Sitzplätze.

Im Verlauf des Fussballspiels kam es häufiger vor, dass der Ball in der Ache landete und abgetrieben wurde. Manchmal waren es in der Nähe stehende Zuschauer aber auch Spieler die den Ball herausfischten. Onkel Bertl, der damals Obmann des Vereins war meinte, dass es ganz gut wäre wenn jemand für das herausfischen des Balles zuständig sei und sah mich dabei fragend an. Ich willigte ein. Die Aussicht dafür pro Spiel mit einem Eis belohnt zu werden - seine Frau Tante Luise verkaufte am Sportplatz Eis, da war eine Extraportion immer drin – das bot zusätzlichen Anreiz. Also wurde ich Ballfischer des SK Altheim. Nach einigen Spielen wurde meine Aufgabe immer perfekter unterstützt und so bekam ich eine lange Stange an dessen Ende ein ballgroßer Ring mit einem Netz - wie man es zum Obstpflücken verwendet - befestigt war. Damit gab es nun kaum mehr nasse Füsse und es funktionierte ganz gut den Ball schnell aus der Ache zu fischen. Bald half mir mein Freund Pepi dabei und ab da waren wir offiziell „die Ballfischer" und ziemlich stolz darauf.

Wenn auswärts gespielt wurde gab es im Klubaushang eine Liste mit den teilnehmenden Personen. Alle Spieler, Betreuer und... die Ballfischer waren namentlich erwähnt. Wir waren stolz darauf unsere Namen zu lesen.

Es war immer aufregend wenn wir im Bus saßen und er endlich losfuhr.

Ein Ausflug war es für uns, denn eine Aufgabe hatten wir auswärts ja nicht. Es war unsere Belohnung.

Wir gehörten zu Niemandem, dennoch waren wir von allen Spielern behütet. Ich erinnere mich daran, dass wir in Ampflwang waren. Das Spielergebnis ist mir entfallen, aber da war ein Vorfall der mich froh gestimmt hat. Pepi und ich spielten unser übliches Spiel wenn wir auswärts waren, blödelten herum und feuerten gelegentlich unsere Mannschaft an. Oft kläglicher Kontrast zur Stimmgewalt der Heimmannschaft. So auch damals und als wir übermütig ein Tor unserer Mannschaft beklatschten wollten einige gleichaltrige Ampflwanger Pepi und mich verhauen. Zumindest machte es den Anschein.

„Schleichts eich!" drohten sie näherkommend und wir wichen vor der Übermacht zurück. Plötzlich stand einer der verschwitzten Altheimer Spieler bei uns, legte die Hände auf unsere Schultern und sagte keuchend

„losstsas in Ruah, de ghean zu uns!" dann lief er wieder auf das Spielfeld. Die Schutzgeste reichte aus. Wir wurden danach nicht mehr bedroht.

Mancher der Spieler spendierte uns unterwegs ein Kracherl und bei der Heimfahrt wurde sowieso stets eingekehrt ob wir verloren oder gewonnen hatten das spielte keine Rolle. Wir Buben fühlten uns richtig erwachsen wenn dann nach etlichen Bieren der Spieler auf dem Rest der Heimfahrt Lieder angestimmt wurden. Das waren Lieder die man sonst nicht sang. Es waren Soldatenlieder vom Polenstädtchen handelten sie, Kameraden die die Mägdelein aus blutiger Schlacht grüßten und wie ich später gelernt habe stets das ‚Horst Wessel-Lied'. 'Bella bella bella Marie, häng dich auf ich häng dich ab morgen früh...' Es wurde gegrölt, mit den Armen gerudert, man umarmte einander und schien glückstrunken voll Erinnerung. Einer versuchte den anderen zu übertönen und trotzdem gab es in der Anonymität des Busses so etwas wie Gleichklang. Ähnliche Lieder habe ich zuvor aus Gasthäusern gehört wenn fröhliche Menschen sangen, aber im Bus waren die Lieder intensiver, lauter und mit abgewandelten Texten die ich noch nicht einordnen konnte. Ich spürte, dass diese Menschen etwas verband von dem ich keine Ahnung hatte.

Auch erinnere ich mich, dass der Busfahrer mindestens zweimal auf der Landstrasse in den Graben gefahren ist, aber Angst habe ich deswegen nie empfunden und habe zuvor nicht darauf geachtet ob er überhaupt fahrtüchtig war. Die trinkfreudigen Teilnehmer halfen stets mit vereinten Kräften das Fahrzeug wieder flott zu machen und es wurde zum Ärger der Eltern dann immer spät bis wir zuhause waren. Schließlich war nächsten Tag Schule.

Am kommenden Sonntag war dann wieder ein Heimspiel und Pepi und ich wieder als gewissenhafte Ballfischer im Einsatz.

Eierlikör und k.o.
oder Max Schmeling lässt grüßen.

An eine Geschichte aus meiner frühen Kinderzeit erinnere ich mich mit gemischten Gefühlen. Fünf Jahre muss ich gewesen sein, denn ich hatte noch keine kleine Schwester und eingeschult war ich auch noch nicht.

Meine Mutter hatte eines Tages Eierlikör hergestellt und ich habe interessiert dabei zugesehen, vor allem deshalb weil wieder einmal leckeres süßes als Nebenprodukt für mich abfiel. Den fertigen Likör durfte ich freilich nicht kosten, aber die versprudelte Masse mit Zucker und Ei bevor der Weinbrand damit vermischt wurde war köstlich. Weil es praktisch war machte die Mutter oft einige Flaschen mehr, oder den Likör überhaupt nur für 'Tante Luise' unsere Nachbarin. Diese befüllte damit eine geschliffene Glaskaraffe auf der kunstvoll verziert ein dicker Glasstöpsel das klebrige Getränk verschloss. Bei uns wurde Eierlikör meines Wissens nicht getrunken, zumindest habe ich nie gesehen, dass ausserhalb der legendären Kaffeekränzchen irgendwer dieses Getränk zu sich nahm.

'Tante Luise's' Sohn Gerhard, wesentlich kräftiger und ein Jahr älter als ich, war an jenem Abend genau wie ich allein zuhause weil unsere Mütter gemeinsam ins Kino gegangen waren um irgendeinen Nachkriegsschinken anzusehen. Bekanntermaßen waren unsere Väter nur an den Wochenenden bei den Familien und für uns daher nichts besonderes wenn sie Werktags nicht anwesend waren.

Gerhard und mir war es nicht unangenehm wieder einmal einen Abend sozusagen 'für uns' zu haben. Unbefragt konnte man die Wohnung auch an den unmöglichsten Stellen erkunden und überall interessante Entdeckungen machen. Interessiert besahen wir Fotografien überwiegend unbekannter Leute. Viele davon waren in Uniform, oft ganze Gruppen von Soldaten der deutschen Wehrmacht. Spannend fanden wir, dass es Unterschiede bei den Soldaten zu geben schien. Dienstränge kannten wir ebenfalls nicht, aber was ein General war wussten wir schon. Den Unterschied zwischen von den Eltern häufig genannter Waffen-SS und der Wehrmacht kannten wir auch nicht. Soldaten waren eben Männer die Krieg geführt hatten, das wussten wir. Auf den Rückseiten der Bilder waren Namen von uns unbekannten Orten und Jahreszahlen.

Meist stellten wir nichts an das zur Klage Anlass gegeben hätte und so überließen uns auch diesmal die Mütter in einen gemeinsam zu verbringenden Abend. Zunächst spielten wir Halma oder sonst ein unschuldiges Spiel. Danach mit Gerhards Elektrospiel das aber bald langweilig war weil die richtigen Antworten die man antippen konnte und ein Lämpchen glühen ließ einer Methodik folgte die man bald durchschaute. Er kannte es auswendig und war mir daher immer einige richtige Antworten voraus.

Dann schauten wir gemeinsam das mich immer wieder begeisternde Bilderbuch mit den durch die Welt reisenden Schneemännern an. Obwohl ich schon wusste wie es endet, nämlich wenn im Frühjahr der letzte Schneemann jämmerlich dahin schmilzt begeisterte mich dieses Buch immer wieder weil sie zu Beginn des Winters so unternehmungslustig und vital schienen als könne nichts ihren Tatendrang einschränken. Ich habe es mir oft ausgeborgt und konnte mich beim betrachten der Bilder leicht in die immer wieder gleiche Stimmung versetzen. Ich liebte dieses Buch.

Wenig später zog Gerhard den Glasstöpsel aus der Glaskaraffe mit dem Eierlikör an und roch daran.

Ob ich schon einmal Eierlikör gekostet habe, wollte er wissen und ich erinnere mich genau an sein verschmitztes Grinsen als ich verneinte. Er schon und es sei wirklich etwas besonderes, sagte er als er zum Wohnzimmerschrank ging.

Wie es die Großen taten stellte er zwei Schnapsgläser auf den Tisch und zog den Stöpsel endgültig von der Glaskaraffe. Dann goss er ein. Zäh und gelb lief der dicke Saft in die kleinen Gläser. Wir probierten vorsichtig. Eigentlich schmeckte es wie die Eidotter mit dem verquirlten Zucker die ich bei der Herstellung geschleckt hatte nur etwas schärfer. Aber es brannte in der Kehle und ich schüttelte mich ohne es zu beeinflussen zu können.

Ich erinnere mich hilflos dem rauen Schmerz im Hals ausgesetzt gewesen zu sein und dann brannte es im Magen, schlimm!

Keine Ahnung warum fühlte ich wenig später Benommenheit als habe ich plötzlich Fieber und versuchte das brennen in Hals und Magen mit heftigem atmen fort zu bekommen.

Das sei die Wirkung des Likörs versicherte mir Gerhard. Er wirkte aufgekratzt und noch mutiger als sonst als er die Lotterbank aufklappte. Unter allerlei Kleidung und Schuhen zog er zwei große rotbraune kugelartige Gebilde hervor. Die habe er vor wenigen Tagen entdeckt, echte Boxhandschuhe seien das.

Ich war beeindruckt. Weiches Leder zu einer riesigen Faust gekrümmt, wulstig gepolstert baumelten an weißen Schnüren in Ösen die man zuziehen konnte. Das war faszinierend. Damit trommelten also Boxer aufeinander ein. Wie weich sie waren, eigentlich konnte es - wie ich annahm – wenn man davon getroffen wurde nicht besonders weh tun. Wir tippten die dicken Handschuhe aneinander stießen uns gegenseitig sanft an. Das tat wirklich nicht weh. Nie zuvor hatte ich einen Boxkampf gesehen oder hatte irgendeine Ahnung wie boxen vor sich ging.

„komm wir boxen, ich bin der Max Schmeling" meinte er eifrig und gab mir den linken Boxhandschuh während er seine Kinderhand in den rechten schob. „Du bist der Joe Luis, bist ja kleiner!" Meine Hand versank tief im Handschuh der fast den ganzen Unterarm bedeckte. Er war schwer und ich brachte den Arm nur mit Mühe nach oben. Jedoch selbst dann, wenn ich den rechten Handschuh gehabt hätte wäre was dann folgte vermutlich nicht anders gekommen.

„12!" hörte ich noch, fühlte seinen Punch in der Magengrube der mit den Atem ganz einfach wegnahm. Ich bekam plötzlich keine Luft mehr. Mir wurde schwarz vor den Augen, dann fiel ich um.

Sein besorgtes Gesicht war über mir, er tätschelte mir die Wangen und ich rappelte mich mühsam auf. Mir war schwindelig, sehr schwindelig. Danach musste ich mich sosehr übergeben, dass mir vor Anstrengung Tränen die Wangen herunterliefen.

Mein Ausfall dauerte zwar nur wenige Sekunden dennoch hatte ich von Eierlikör und selber boxen genug. Die Sportgeschichte schrieb meinen Auftritt als Joe Luis anders. Letztlich war er der Sieger.

Klar gab es für diese Episode entsprechende Strafen weil sofort erkannt wurde was wir angestellt hatten. Wenn man schon solchen Unsinn macht spült man benutzte Gläser aus, aber die Fähnchen die der Alkohol an uns hinterließ und unser Verhalten waren ohnehin unzweideutig und lechzten nach Ahndung.

Für mich waren beide Dinge erledigt. Boxen schien ganz einfach nicht zu mir zu passen. Eierlikör auch nicht und so habe ich früh beschlossen mich diesen Herausforderungen nie mehr zu stellen.

Der kleine Scheich

Mein kleiner Bruder – er war damals etwa zweieinhalb Jahre alt – war unter den Gradingers, die neben der Gastwirtschaft auch Landwirtschaft betrieben, eindeutig als der Favorit aus unserer Familie einzustufen.
Der kleine stämmige Kerl war bei der Familie allgemein beliebt, bekam dadurch öfters typische Innviertler Leckerbissen, wie Kiachl, Hasenöhrl, Pofesen, gebackene Mäuse oder Krapfen zugesteckt die er dann genüsslich verzehrte. Die vier Bauernkinder, alle bereits um die zwanzig Jahre, ausser Zenzi die in meinem Alter war, aber die nicht minder überboten sich förmlich seine Gunst zu erringen und schienen aus ihm einen Pascha machen zu wollen. Mein kleiner Bruder, eigentlich von mir schon kurz nach seiner Geburt zunächst als ungebetener Schreihals apostrophiert - konnte sich beim uns wohnungsgebenden Bauern stets ungeteilter Aufmerksamkeit erfreuen. Keiner neidete es ihm, er war ja auch unser Nesthäkchen.

Besonders der älteste Gradingersohn Karli, hatte – wie man so sagt - einen Narren an ihm gefressen, schien väterliche Gefühle für ihn zu hegen, nahm ihn mit in den Stall, zeigte ihm die Kühe, Schweine, Pferde und sonstiges Getier. Wann immer es ihm gefiel nahm er meinen Bruder unter seine Fittiche und war mit ihm irgendwo unterwegs. Nicht immer zur Freude meiner Mutter die seine Bemühungen argwöhnisch beobachtete und wenn es zu derb wurde, einschritt. Vermutlich hatte Karli deshalb eine besondere Zuneigung zu Anton weil auch auch er für Eingeweihte ziemlich undeutlich sprach, allerdings im Innviertler Dialekt reinster Prägung, während der kleine Mann die Sprache erst noch erlernen musste. Mit ihm konnte er sich wohl unterhalten und es ist nie klar zutage getreten ob mein Bruder auch nur das geringste seiner ausgestoßenen Laute verstanden hat. Sie schienen sich jedoch zu mögen.

Auch auf dem neuen Traktor nahm er ihn gerne mit und das Kind saß gut gepolstert auf einer dicken Pferdedecke, außerdem hatte er noch Windeln und war mit einem dicken Strick auf dem Beifahrersitz gesichert. Nur beim erstenmal als Karli ihn auf den Sitz hob murrte er wegen der engen Befestigung, dann aber schien er danach zu lechzen, streckte jedes mal strahlend lachend sie kurzen Arme nach Karli aus wenn dieser ihn wieder einmal zu einer Traktorpartie mitnahm. Seine Miene war sobald er drauf saß unbeweglich. Man konnte so nicht feststellen ob ihm gefiel was mit ihm geschah. Wenn er allerdings von unserer Mutter heruntergehoben werden sollte, protestierte er lautstark und strampelte widerwillig mit den Beinen. Er mochte es offenbar doch.
Wenn der Traktor auf dem Innenhof den großen Bogen fuhr, saß mein

Bruder wie in Stein gemeißelt daneben und verzog nur dann sein Gesicht wenn die Sonne ihn kurz blendete. Es sah wirklich aus als sei ein kleiner Chef unterwegs. Man merkte ihm sein Vergnügen an und genoss die Bedeutung die man ihm beimaß.

„Wie ein Scheich sitzt er droben! Da Scheiki!" hatte Karli einmal lachend gesagt und diese Bezeichnung blieb ihm bis zum Ende unserer Anwesenheit in Altheim.

Selbst zum 'Odelausfahren' – auf hochdeutsch 'Jaucheausfahren' nahm er meinen kleinen Bruder mit. Wenn sie danach zurück auf den Hof kamen rochen beide immer sehr speziell. Meinem Bruder schien auch das nichts auszumachen und er protestierte erst dann lauthals wenn er als Folge seines Ausrittes über die Wiesen in den rasch befüllten Waschzuber getaucht und intensiv abgeschrubbt wurde.

Gab es irgendeine Verrichtung die mit dem Traktor erledigt werden konnte musste 'da Scheiki' mit und er wäre wohl irgendwann von Karli zum Bauer werden gedrängt worden hätten wir nicht im Spätherbst dieses Jahres den Ort wegen unserer Übersiedlung in die Bundesrepublik verlassen.

„Wos mocht da Scheiki?" erkundigte sich Karli nach Jahren bei einem meiner Besuche im Ort da habe ich zunächst ratlos mit den Schultern gezuckt bis mir der kleine stolze Scheich auf dem Traktor einfiel und habe Karli erzählt was aus ihm geworden ist.

Die Baracken

Baracken gab es im Ort auch. Eine Baracke ist ein provisorisch errichtetes hölzernes Haus ohne Etagen, ohne sanitäre Einrichtung und diente damals - wenn nicht genügend Wohnraum in festen Häusern angeboten werden konnte - zur Unterbringung von Menschen. Hauptsächlich Fremden unterschiedlicher Herkunft. In diesem Fall dienten die Baracken hauptsächlich dazu Vertriebenen und Flüchtlingen des vergangenen Krieges provisorische Unterkünfte zur Verfügung zu stellen.

Baracken wurden wenige Jahre zuvor als Vorhölle und Hölle bei der Vernichtung von Menschen eingesetzt. Als ich den Begriff ‚Baracke' zum erstenmal hörte war er negativ besetzt und das blieb er für mich bis heute. Warum das so war kann ich nicht sagen. Wie ich später erfahren habe unterschieden sich die Baracken die ich als Kind sah, von jenen die in KZs Verwendung gefunden hatten, durch nichts. Lange gab es die Baracken allerdings nicht, denn bereits nach wenigen Jahren zu beginn der 1950er errichtete man gegenüber Steinhäuser in die Insassen der Baracken nach der Fertigstellung umziehen sollten. Vom rechten behelfsmäßigen Elendsviertel in das linke. Der Standort behielt allein schon durch diese Wahrnehmung seinen ärmlichen Charakter. Doch etliche – darunter viele Freunde und Bekannte meines Stiefvaters verließen lange vorher den Ort der Trostlosigkeit um in anderen bereits vorwärts gerichteten Ländern wie Deutschland, Schweden usw. Arbeit, menschenwürdige Unterkunft und damit Perspektiven ihrer Zukunft zu suchen.

Während ich mit Mitschülern aus den Baracken keine nennenswerten - und wenn nur kindliche Differenzen hatte, schienen die Einwohner wie auch der überwiegende Teil der Lehrer Ressentiments gegen die fremden Menschen zu hegen. Hauptsächlich wohnten dort Leute aus Siebenbürgen und verschiedenen anderen Landstrichen Rumäniens oder Jugoslawiens. Als Sammelbegriff schien sich die einheimische Bevölkerung auf ‚Volksdeutsche' geeinigt zu haben. Doch auch da wurden Unterschiede in der Bewertung gemacht. Es gab Kroaten, Serben, Siebenbürgen und Banater. Letztere galten als fleißig und genügsam und wurden gerne zu bäuerlichen arbeiten beschäftigt. Die Banaterfrauen, ich erinnere mich, waren durchwegs ältere stets schwarz gekleidete Frauen die selbst bei ärgster Hitze ihr Kopftuch nicht abnahmen aber es gelegentlich als Schweißtuch benutzten

Auch mein Stiefvater war zunächst in einer dieser Baracken gelandet bis er dann später mit meiner Mutter zusammen zog.

Wenn es regnete war der ungeteerte Weg zwischen den Baracken schlammig und selbst der selten gestreute Schotter konnte nicht verhindern, dass die Füße knöcheltief im Schlamm versanken. Schuhpflege war bei solchen Witterungsverhältnissen undenkbar. Im Sommer gingen wir Kinder ohnehin alle barfuß und Schuhwerk spielte eine untergeordnete Rolle. Verschmutzte Füße waren schnell an einem Brunnen oder unter einem Wasserstrahl abgewaschen.

Eine zeitlang war ich mit Lambert befreundet der in den Baracken wohnte. Er war ein kleiner drahtiger Junge mit blonden Locken und wir streunten gerne an der Ache herum wo wir Pfeil und Bogen schnitzten und Indianer spielten.

Jeder kennt das. Manchmal mag man einen seiner Freunde mehr und mal weniger gerne. So ging es Lambert und mir auch. Zu dieser Zeit mochten wir uns, waren unzertrennlich und verbrachten viel Zeit miteinander. Aber leider muss man als Kind auch einmal nach Hause. Vor allem dann wenn es Herbst und früher dunkel wird. Es hatte wieder einmal geregnet und ich begleitete ihn zu seiner Baracke. Wir kicherten weil die Sandalen im Schlick stecken blieben. Es war eine Riesensauerei. Er hatte es gut, er war zuhause. Er wusch seine Füße in der betonierten Wanne des Ziehbrunnens. Ich musste noch durch das schmale Gässchen auf der Rückseite der Baracken um zu unserer Wohnung zu gelangen. Dieses Gässchen war jedesmal ein Abenteuer, aber eines der unangenehmen. Auf der linken Seite war über die gesamte Länge ein riesiger Garten der einem Arzt gehörte. Auf der rechten Seite hohe Bretterzäune die verschiedene Grundstücke begrenzten. Im Garten des Arztes streunte stets dessen Schäferhund herum und der schien immer wütend zu sein wenn jemand das Gässchen benutzte. Bellend sprang er an den Maschenzaun, keifte und mein Herz rutschte jedesmal in die Hose denn der geifernde Hund sprang gegen den wackeligen Zaun und es sah aus als hielt der nicht mehr lange. Ich lief so schnell ich konnte und erreichte ausser Atem erleichtert das Ende. Eilig wusch ich meine Füße und entging dadurch den Schelten meiner Mutter.

Ich hatte Lambert versprochen ihn am Morgen zur Schule abzuholen. Das Gässchen war schnell passiert denn der sonst dauernd bellende Hund war nicht zu sehen oder zu hören. Als ich den Barackenplatz betrat vermied ich die Schlammpfützen. Lambert wartete schon aber durch blödeln tappten wir in eines der Schlammlöcher. Unsere Füße sahen danach entsprechend aus. Vor der Schule versuchten wir mit Gras und kleinen Zweigen den Schlamm herunter zu kratzen. Es gelang nur notdürftig und als es trocknete blieben braune Schmutzflecken zurück.

Den Katecheten im Religionsunterricht schien das nicht zu stören, zumindest ignorierte er unser Aussehen. Nicht so Dögl unseren Klassenlehrer den wir in der zweiten Stunde hatten.

Es sei ja typisch für Schweine, meinte er geringschätzig und stellte uns nach vorne. Für ihn ein willkommener Anlass lang und breit den Unterschied zwischen naturverbundenen Schweinen und zivilisierten Menschen darzulegen und immer wieder auf Unterschiede hinzuweisen indem er Lambert und mich als leuchtendes Beispiel für misslungene

Menschenzucht darstellte. 'Menschenmaterial' eines seiner Lieblingsworte. „Da seht ihr mal dass Schweine sich im Dreck wohlfühlen, sonst wären sie ja so nicht in die Schule gekommen." Jedem eine Kopfnuss verteilend brüllte er „Geht aus meinen Augen ihr dreckigen Schweine!"

    In der Pause reinigten wir uns so gut es eben ging. Weil wir heute bereits sein Ventil waren verlief der Rest des Schultages für fast alle von uns ungefährlich. Am nächsten Tag suchte sich Dögl andere Opfer oder die gleichen. Wie es ihm gefiel.

Die christliche Seefahrt

Wir hatten eine zeitlang in der Schule einen richtigen Tick ja, regelrecht eine Manie. Wodurch das ausgelöst wurde weiß ich nicht mehr. Vielleicht waren es die Geschichten über Störtebeker, Die Schatzinsel, Robinson Crusoe oder andere Bücher die wir verschlangen weil sie von der Seefahrt handelten. Tatsache war, dass wir eine kindlich klare Zukunft vor Augen hatten. Wir wollten zur See! Über die Meere fahren, andere Länder sehen, die Welt erleben, frei sein. Stürme? na und! Zur Handelsmarine wollten wir und seltsamerweise dachten wir nicht in den Süden sondern in den Norden. Hamburg oder Bremen war das imaginäre Ziel weil sich nur dort – wie wir glaubten – die Portale zur großen unbekannten Welt befänden. Ich vermute aber, dass die südliche Sprachbarriere mit entscheidend war. Fernsehen gab es noch nicht, bunte Magazine vielleicht schon aber nicht leistbar und so fand die Fantasie reichlich Nahrung in erträumten Bildern aus uns zugänglicher Literatur.

Mit Bedauern mussten wir erfahren, dass Österreich keine Handelsmarine hatte, aber der Wunsch dennoch die See zu befahren blieb ungebrochen, gehen wir halt zu den Deutschen.

Wir waren eine Zeitlang wie besessen von diesen Gedanken, malten uns Anker auf die Oberarme um wie tätowiert auszusehen. Manch einer malte sich - wie wir annahmen - das Seemannszeichen groß auf die Brust. Ältere Jungs aus den Oberklassen hatten sogar Nixen ‚tätowiert', das ging natürlich wenige Tage später ab weil nur bemalt..

Entern, kielholen, Klabautermann, achtern, glasen, shanghaien. Ja auch sprachlich, zugegeben kindlich romantisch angehaucht näherten wir uns der christlichen Seefahrt an. Wenngleich uns die genauen Bedeutungen nicht ganz klar waren. Vielleicht vergleicht man das heute mit Tamagocci oder Computerspielen und heute sagt man es war halt hip.

Wir tauschten Groschenromane von ‚Rolf Torring' der weltweit Abenteuer erlebte oder ‚Jörn Farrow' der mit seinem deutschen U-Boot herumfahrend, als Überbleibsel aus dem Krieg heroisch mit Pongo seinem schwarzen Matrosen überall auf der Welt für Recht und Ordnung sorgte. Harmlose Inhalte, Abenteuer, Gefangennahme und Pongo befreit, vorhersehbare Abläufe. Für uns Kinder spannender als Micky Mouse. Nachkriegsliteratur im Groschenformat, wenig Anspruch weil fast immer die gleiche Handlung, aber Länder und Städte waren benannt die wir aus dem Geografieunterricht kannten. Ich erinnere mich noch sehr genau daran, dass ich zum Lehrer sagte, dass ich aus Rolf Torring wusste, dass Alexandria in Ägypten liegt. „Schundliteratur! Du solltest was vernünftiges lesen!" sagte er missbilligend den Kopf schüttelnd. Er hätte auch wohlwollend sein können um dieses Teilwissen anzuerkennen, selbst wenn es aus sogenannter 'minderer

Literatur' stammte, aber man darf nicht vergessen in diesem Land wurden ein paar Jahre vorher Bücher noch öffentlich verbrannt und der liberale Teil des Lehrerhirns – sofern vorhanden - befand sich scheinbar immer noch im arischen Denkgefängnis.

Irgendwie entging man ob der Marotte mit den Seefahrtzeichen nunmehr der altersbedingt zunehmend unangenehmen Frage „was willst du denn mal werden" weil wir ein Ziel angeben konnten. Dass uns jemand wegen der Aussage zu See fahren zu wollen belächelt hat ist mir nicht aufgefallen, aber es wird wohl so gewesen sein.
Einen Sommer oder zwei lang hielt das an. Als wir uns Jahre später aus den Augen verloren war davon nichts geblieben außer meiner heimlichen Sehnsucht zu See zu fahren.
Tatsächlich lebte ich in späteren Jahren in Hamburg, aber auf die See habe ich mich dennoch nicht gewagt. Vielleicht liegt es daran, dass Hamburg nicht am Meer, sondern an der Elbe liegt die noch etwa hundert Kilometer braucht um ins Meer zu gelangen.
Hafenrundfahrten bei denen ich die riesigen Schiffe bestaunte erinnerten mich immer wieder an meinen Wunsch aus Kindertagen und ich habe mich dabei ertappt, dass ich nickend vor mich hin gelächelt habe. Die romantische unerfüllte Sehnsucht ist allerdings geblieben.

Virifoan

Zu den besonders schönen Erinnerungen meiner Kindheit zählt das 'virifoan' und das muss ich übersetzen. 'virifoan' ist Innviertler Dialekt und heißt 'Vorfahren'. Gemeint ist das stückweise nach vorne fahren wenn Pferde oder Traktor den Hänger an jene Stelle beförderten damit die Ernte aufgeladen werden konnte.

Max und Olga hießen die Pferde. Ich hielt sie am Zaumzeug und wenn die Garben aufgeladen waren sagte ich ein kräftiges 'Hüa' und sie gingen einige Schritte vor bis das nächste Heu oder Getreide mit der Gabel nach oben gewuchtet wurde. Oben schlichtete eines der Mädchen das Ladegut so geschickt, dass möglichst viel transportiert werden konnte.

An der Deichsel hing ein öliger Topf indem eine Gänsefeder steckte. Sie diente dazu die Stiche der lästigen großen herumschwirrenden Bremsen die sich an den Pferden gütlich taten zu lindern. Diese Biester waren überall und man konnte sehen wie die Tiere unter ihren Stichen litten. Manche hinterließen dicke Beulen am Fell und die wurden dann mit der öligen Flüssigkeit bestrichen.

Meist brannte während der Ernte die Sonne unerbittlich herunter und nur gelegentlich gewährte ein einsamer Baum Schatten. Die Luft flirrte, der Schweiß strömte und dennoch... man spürt jene befriedigende Genugtuung das Ergebnis von Mühe einzubringen. Man muss kein Bauer sein um dieses Gefühl zu erleben. Die Mithilfe bei einer Ernte und sei sie noch so mühsam stimmt froh und lohnt den Einsatz. Selbst als Bub hatte ich dieses bedeutsame Gefühl ein Teil des Ganzen zu sein.

Und dann kam endlich der Erste große Augenblick beim 'virifoan', die Jause!
Die Jause wurde entweder von einer Magd oder dem alten Daringer auf das Feld gebracht. Das Essen wurde auf einer Decke ausgebreitet und erst da verspürte ich richtigen Hunger. Ich hatte das Gefühl dazu zu gehören, denn ich durfte mir nehmen was ich mochte und musste niemand fragen. Es gab köstliche Sachen wie 'Erdäpfelkas', Speckknödel, deftiges selbstgebackenes Brot, Wurst, Käse und kühles Kracherl im Überfluss. Danach ging es in der Gluthitze weiter. „Hüa!", „Steh!" bis der erste Wagen voll war.

Der Baum, eine glatte dicke Holzstange, wurde vorne und hinten mit Seilen befestigt und gespannt, damit das Ladegut nicht herunterfiel und der zweite Wagen eingespannt. Die einzige Sorge der Bauern war das Wetter wenn sich dunkle Wolken am Horizont zeigten. War das der Fall, dann fuhr man die Ernte schneller ein. Wir kletterten vorsichtig auf den Wagen suchten uns einen gemütlichen Platz.

Diese Perspektive von hoch oben auf die Landschaft zu sehen hatte ich sonst nicht. Für mich waren die Fahrten viel zu kurz. Ich habe auf dem Heimweg manchen Gewitterschauer erlebt und die Hast der Bauern gefühlt die Ernte möglichst trocken unter das Stadeldach zu bringen.

Es war ein riesiger Spaß oben auf dem Getreide oder Heu zu kauern und die Landschaft von ganz oben zu betrachten während man leicht schaukelnd in Richtung Hof gefahren wurde. Das Gefühl richtige Arbeit getan zu haben hatte auch ich, selbst wenn ich nur die Pferde zum 'virifoan' gehalten hatte.

Als in den folgenden Jahren die Pferde durch einen Traktor ersetzt wurden durfte ich die gleiche Arbeit mit dem Traktor machen. Nach kurzer Unterweisung beherrschte die Maschine bald besser als die Pferde die – wie ich glaubte - ja jeden Augenblick irgendwas nach eigenem Kopf machen konnten. Die Heimfahrt, die der zweite große Augenblick des Tages war, hat mit den Pferden mehr Spaß gemacht als mit dem Traktor. Es war ganz einfach gemächlicher und denkwürdiger wenn ich oben am festgezurrten First kauerte. Es war dann so als ob man den Tag in Ruhe an sich vorüberziehen lassen konnte und ihn bewusst vertiefend nacherlebte.

Das Abladen im Stadel ging meist unspektakulär vor sich. Vor allem in späteren Jahren als dann dafür ein elektrischer Gabelgreifer eingesetzt wurde der die Wagen in wenigen Minuten entlud.
Wie mühsam wurde er beladen, Gabel um Gabel nach oben gewuchtet und dann das fast mühelose abladen...
Auch die Heimfuhr wurde bald durch Mähdrescher ersetzt indem die Dreschmaschine zum Feld gebracht wurde.

Der Fortschritt beseitigt die Beschaulichkeit, aber wer kann dem Landmann verübeln, dass er mit ihm geht. Er muss wohl.
Es erlebt zu haben, zu wissen wie das ist weich gepolstert von ganz oben die Landschaft an sich vorüberziehen zu sehen... das gleichmäßige klackern der Hufe auf dem Asphalt. Ein Tagwerk vollbracht zu haben, das war schon ein wirklich schönes Erlebnis und ein schier unbeschreiblich herrliches Gefühl.

Der Graf von Monte Christo

Im neuen Kino in der Nähe der Rennbahn gab es einen Film mit Jean Marais als Graf von Monte Christo. Er war die Verfilmung des Dumas Romans den ich längst gelesen hatte, von dem alle begeistert waren und ich natürlich auch. Endlich sollten meine Fantasiefiguren ein Gesicht erhalten. Dieser Film war aber ab zwölf Jahren zugelassen und ich war elf. Die Karte hatte ich schon am Nachmittag gekauft und ich gebe zu, mit mulmigem Gefühl. Es war kein Problem sie zu bekommen. Den Film zu sehen aber ein ungleich größeres.

Mit gebremster Vorfreude machte ich mich auf dem Weg zum Kino. Gebremst war die Vorfreude deshalb weil ich fürchtete, dass diesmal eine Kontrolle durch die Polizei erfolgen würde. Einer meiner Mitschüler war am Tag zuvor von einem Polizisten kontrolliert und wieder nachhause geschickt worden. Ein anderer hatte keine Kontrolle erlebt und uns mit blumenreicher Umschreibung den Film geschildert.

Ein Polizist stand unüberwindlich wie Zerberus vor dem Kinosaal, kontrollierte die überwiegend jungen Besucher. Ich wurde unsicher als ich mit meiner Karte in den zitternden Fingern die Obrigkeitshürde ansteuerte. Tief durchatmend richtete ich mich zu voller Größe auf um vermeintlich ein bis zwei Zentimeter größer zu erscheinen. Ich zeigte die Eintrittskarte.

„Wia oid bisdn Biaschal!" herrschte mich der Uniformierte an und ich verstand nicht warum er so unfreundlich war.

„In zwei Monaten werde ich zwölf" log ich schluckend, lief rot an und fing an zu schwitzen.

„Hosd an Ausweis?"

Den hatte ich natürlich nicht und wenn, dann hätte dringestanden, dass ich noch nicht 12 war.

„Do kummst ned eini! Gemma, gemma, nix do, geh hoam!" schnarrte es aus der Uniform, die Handbewegung war unmissverständlich und seine Hand fasste mich hart am Oberarm, schob mich vom Eingang weg.

„Aber..." ich sah, dass Klausi mir einen verwirrten Blick zuwerfend – vermutlich genauso aufgeregt wie ich - soeben in den Saal huschte weil er die Abgelenktheit des Polizisten durch mich blitzschnell ausnutzte. Ich wollte ihn dann doch nicht verpfeifen. Ich hatte halt kein Glück.

Enttäuscht, traurig, zornig, meiner Ohnmacht bewusst und beschämt, alles zugleich und dann wieder durcheinander empfindend stand ich in der Vorhalle, sah zu wie einige meiner gleichaltrigen Schulkollegen sehr wohl in die Vorstellung durften. Offenbar konnten sie besser schwindeln als ich.

Ich wollte die Karte zurückgeben, denn 5 Schilling waren eine Menge Geld nicht nur für mich. Leider war die Kassa bereits geschlossen und so ging ich

unverrichteter Dinge nach Hause. Viel Geld für Nichts! Meine Mutter versuchte mich zu trösten, vergeblich. Zu groß war meine Enttäuschung und weinte bittere Tränen. Wenn man das älter werden nur irgendwie beeinflussen könnte...
Das funktioniert halt nicht wie wir wissen.

Jedesmal wenn ich Tage später die zerknüllte Eintrittskarte in meiner Hosentasche fand kämpfte ich mit Tränen der Enttäuschung. Ein wertloses kleines Stück Papier.

Mitschüler erzählten nächsten Tag großspurig wie leicht es war in die Vorstellung zu gelangen, weil der Papa schließlich den Polizisten kannte und umgekehrt.

Klar habe ich den Film später irgendwann gesehen und mich gefragt was die sogenannte 'Zensur' veranlasst hat den Film erst für Zuschauer ab zwölf Jahren freizugeben. Acht Jahre nach dem furchtbaren zweiten Weltkrieg in dem unvorstellbare Gräuel von damals noch lebenden Tätern verbrochen wurden, verweigerten Zensurverantwortliche Kindern unter zwölf Jahren, einen Film über Weltliteratur. Ich kann nur mutmaßen. Vielleicht sollten Kinder wie ich nicht zu früh merken, dass man nicht kritiklos hinnehmen darf wenn jemandem Unrecht geschieht. Dass die Bestrafung von Tätern ein langfristiges Ziel sein kann und eine Uniform oft nichts weiter als ein schuldbefreiendes Kleidungsstück ist das unmenschlichen Tätern Anonymität verheißt.

Die Spedition

Ein großer flacher Pritschenwagen auf dem Pakete und andere Waren gestapelt waren. Der Wagen wurde von zwei kräftigen riesigen Pinzgauern gezogen die geduldig warteten bis sie zum nächsten Empfänger trotten konnten.

Überhaupt diese Pferde. Sie waren größer als diejenigen die ich sonst kannte. Alles an ihnen schien übergroß. Sie wirkten nicht nur kraftvoll, sie waren es! Wenn der Kutscher ein Schnalzen ertönen ließ zogen sie los. Die Hufeisen rutschten unter dem Tritt über das Kopfsteinpflaster als seien sie mit der Urgewalt im Einklang und dann setzte sich der schwere Wagen in Bewegung. Manchmal sprühten kleine Funken unter den Hufen, da war Kraft... Deutlich waren ihre Muskeln zu sehen die sie scheinbar mühelos einsetzten um das Liefergut von einem Ort zum anderen zu befördern.

Es war kein alltägliches Schauspiel, denn allzuviele Waren wurden damals noch nicht verteilt.

Meist waren die Empfänger Geschäfte im Ort oder Handwerksbetriebe. Privatpersonen bekamen eher selten etwas zugestellt glaube ich.

Einmal - ich erinnere mich noch genau – bekamen wir eine Lieferung! Ein grosser Karton damals mindestens halb so groß wie ich, wurde in unsere Wohnung gehievt. Schwer war er auch, denn der Fuhrmann musste den Karton mehrmals absetzen und er schwitzte ziemlich. Das war aufregend und ich war gespannt was er enthielt.

Meine Mutter dämpfte meine Erwartung und meinte, dass er nicht geöffnet würde bis mein Stiefvater zuhause wäre. Es klang noch geheimnisvoller als die Lieferung selbst und mir schien als ob ihr das ganze Getue um den Karton unangenehm sei. Schließlich hatten die Nachbarn beobachtet, dass der Spediteur etwas bei uns abgeliefert hatte und sie daraus entstehende mögliche Fragen beantworten sollte. Ich fühlte mich in der folgenden Zeit von allen möglichen und unmöglichen Seiten befragt – wichtig, obgleich ich keinen Hinweis auf den Inhalt geben konnte. Mutmaßungen darüber wurden sogar in meiner Klasse angestellt.

Zwei oder drei Tage stand der grosse Karton geheimnisumwittert in der Küche und beengte den Raum zusätzlich. Endlich kam mein Stiefvater sehnsüchtig erwartet am Wochenende von der Montage aus Linz nach Hause.

Wie immer hatte er mir eine dünne kleine Tafel Schokolade in blauer Hülle mitgebracht, aber meine Spannung endlich den Inhalt des Kartons zu erfahren wog stärker als die Freude über das auch diesmal nicht vergessene Mitbringsel.

Die Stimmung zwischen meiner Mutter und ihm erschien angespannt, das kam so gut wie nie vor, das aber interessierte mich nicht. Ich war aufgeregt

wie selten zuvor. Was war in dem Karton? Er ließ sich Zeit, versuchte Überzeugungsarbeit bei meiner Mutter durchzusetzen, was in seinem häufig wiederholten Satz
'Du wirst sehen, es ist ein Anfang!' gipfelte. Bald verstand ich in etwa worum es sich handelte. Er hatte vermutlich einen erklecklichen Teil seines Lohnes in den Erwerb des Kartoninhalts investiert und meine Mutter schien damit gar nicht einverstanden. Soviel konnte ich mir aus den Gesprächsfetzen zusammenreimen.

Endlich erfolgte das lang ersehnte Geräusch des Öffnens.
Es war unglaublich. Der riesige Karton war angefüllt mit Schokowaffeln. Berge davon! Halbrund, nicht wie die bis dahin mir bekannten, viereckigen. Ob es eine Marke war habe ich vergessen, nur dass sie ausgezeichnet schmeckten, ich aber meinen Hunger darauf eindämmen musste. Schließlich waren die Waffeln sein Versuch damit einen Handel aufzubauen.
Freunde, Bekannte, sie alle sollten die Kunden sein.
Dieses Unterfangen gestaltete sich schwieriger als mein Stiefvater gedacht hatte. Aus einer Wohnung heraus Süßwaren zu verkaufen schien auch damals schwirig. Manche der Kunden, durchwegs Bekannte blieben jedoch die Bezahlung schuldig und sind sie auch weiterhin schuldig geblieben. Ein Geschäft, noch dazu eines das die Einkommenssituation unserer Familie verbessern sollte, entwickelte sich daraus nicht. Vermutlich war das Gegenteil der Fall.
Irgendwann waren die Packungen aufgebraucht, sei es durch Eigenverzehr oder gelegentlichem Verkauf. Aus dem erwarteten Geschäft mit den Waffeln wurde leider nichts, denn es blieb bei dieser einzigen Lieferung.
Heute sage ich mir, mein Stiefvater hat es wenigstens versucht seine und unsere Situation zu beeinflussen. Dass der Versuch letztlich scheiterte ist bedauerlich, aber es hat mich gelehrt sich nicht mit schwierigen Umständen abzufinden solange Hoffnung besteht die Situation zu ändern.

Jedesmal, wenn ich später den Speditionswagen zufällig durch den Ort fahren sah musste ich an diese Lieferung denken und hoffte, dass der Wagen erneut etwas zu uns brächte.

Die 'gute Butter'

Butter, schien mir ein Wort für etwas besonderes zu sein. In unserer Familie allemal. Es gab sie selten und wenn, dann war mein durch Margarineverzehr geprägter Geschmack nicht mit dem der – wie meine deutschstämmige Mutter sie nannte - 'guten Butter' vertraut. Ich empfand Butter als nicht besonders wohlschmeckend zumal damals die Kühlmöglichkeiten noch nicht so ausgereift waren wie heute. Es kam vor, dass Butter manchmal mehr oder weniger ranzig schmeckte. Da war mir Margarine auf dem Brot lieber. Butter gab es überwiegend in Molkereigeschäften zu kaufen, aber wenn möglich auch bei den Bauern selbst. Offen von der Rolle oder bereits in Papierpackungen.

Man kaufte damals von leicht verderblichem – dazu gehört auch Butter – nur soviel wie man kurzfristig brauchte, denn Kühlmöglichkeiten hatte die überwiegende Bevölkerung nicht. Ein halbes achtel Butter zu kaufen war allein schon wegen des schmalen Portemonnaies, gar nicht so selten. Die Vorratshaltung verderblicher Produkte war für Privathaushalte überhaupt kein Thema. Wenn es einigermaßen kühl war konnte man die Lebensmittel – sofern die Sonne nicht drauf schien - für kurze Zeit am äußeren Fensterbrett lagern. Heute gipfelt der Unsinn mehr als man braucht zu kaufen darin, dass man z. B. von irgendwas drei nehmen aber nur zwei zahlen soll. Weil man so 'billiger' eingekauft hat, es aber letztlich nicht verbraucht, weil man eben nur eines benötigt hätte und die Mehrmenge daher verdirbt, landen Abertonnen von Lebensmitteln im Müll. Rechnet man nach, dann hat man letztlich teuer eingekauft. Vom schlechten Gefühl, dass man durch die unsinnigen Werbelockungen aktiv zur Ressourcenverschwendung beigetragen hat ganz zu schweigen. Einzig der Herstellerkonzern und der nachfolgende Handel streift durch solche Methoden satte Gewinne ein.

Die Herstellung von Butter durch Bauern war jahrhundertelang gang und gäbe. In jedem Landstrich und jeder Kultur ist die Butterherstellung ein wesentlicher Bestandteil ihrer Identität. In einer Region sind die Butterfässer kleine Fässer mit einer Kurbel, auch Mühlradähnliche Gebilde habe ich gesehen, in anderen Regionen wird sie in länglich hohen Holzbehältern geschlagen oder gestampft. Das Ergebnis ist immer so genannte 'gute Butter'. Der am nächsten Morgen von der Milch abgeschöpfte Rahm wurde im Butterfass solange gedreht und bewegt bis kleine aber feste fettige Flocken entstanden die dann zu einem Klumpen geformt – oder in eine Model gedrückt - aussah wie eben, Butter. Eine mühselige Arbeit die sich Bauern heute kaum mehr antun. Käsereien übernahmen allmählich die Herstellung und was dann die Haltbarkeit betrifft macht mich skeptisch ob dort alles mit rechten Dingen zugeht. Wochenlange Lagerung im Kühlschrank ist meiner

Ansicht nach nur mit entsprechendem chemischen Zusatz möglich. Mit echter unverfälschter Butter scheint mir das wenig zu tun zu haben. Was mir allerdings positiv auffällt ist, dass es mittlerweile wieder Menschen gibt die dieser althergebrachten Art der Butterherstellung Tribut zollen und Butter wieder traditionell produzieren.

Riesige Molkereikonzerne haben mittlerweile die Butterproduktion übernommen. Mit Chemie und zweifelhaften Mischverfahren werden sogenannte Molkereiprodukte auf dem Markt geworfen die mit dem ursprünglichen Produkt – nämlich Milch – nur noch den Namen gemeinsam haben. Als Beispiel für die Milchpantschereien in den Herstellungsbetrieben sei erwähnt, dass der Trinkmilch Schweinefett zugeführt wird um deren gleichbleibenden Fettgehalt zu gewährleisten. Menschen die aus Glaubensgründen den Verzehr von Schweinen ablehnen jedoch diese Milch ahnungslos trinken wird so der Mittelfinger gezeigt.

Erweitert man die Fragen um die Milch und dessen Nebenprodukte wird einem überhaupt übel. Man muss gerade bei Joghurt nachfragen. Fruchtjoghurt besonders. So viele Erdbeeren zum Beispiel gibt es auf der ganzen Welt nicht, aber sie sind in zahllosen Joghurtbechern unbegrenzt als natürliches Erdbeerjoghurt verfügbar. Da stellt sich von selbst die Frage nach den Herstellungsmethoden und man findet ganz leicht heraus, dass es sich bei diesen 'Erdbeeren' lediglich um Geschmacksträger handelt die aus dem Kot kleiner Holzmaden gewonnen werden. Mahlzeit!

Gar nicht lustig ist in diesem Zusammenhang auch, dass in der sogenannten 'Milchschnitte' die ein großer Konzern intensiv bewirbt lediglich ein verschwindend geringer Prozentanteil von Milch nachweisbar ist und tatsächlich mehr schwerverdauliche Kalorien beherbergt als ein Stück fetter Torte.

In der BRD kam dem Begriff 'gute Butter' in der Umgangssprache eine besondere Bedeutung zu.

Immer wieder begegnete mir der Begriff der 'guten Butter' als verbaler Indikator besserer Qualität.

„ich habe es mit guter Butter gemacht!"
„in dem Kuchen ist nur gute Butter!"
„Ein Flöckchen gute Butter verbessert..." usw.

'gut' impliziert eigentlich auch das Verständnis vom Gegenteil, 'schlecht'. Dahintergekommen bin ich bisher nicht was 'schlechte Butter' wäre. So kann ich nur vermuten. Wahrscheinlich ist damit die 'Ersatzbutter' Margarine gemeint weil Butter nicht nur während des vergangenen Krieges selten, daher wertvoller und teurer als diese war. Möglich ist aber auch die Unterscheidung zwischen Molkereibutter und händisch traditionell hergestellter Butter.

Für mich ist der Verzehr und Einsatz von Butter nach wie vor immer noch etwas besonderes, naja, ich bin halt ein Nachkriegskind.

Mein Schulweg und die Erinnerung an einige Berufe die es nicht mehr gibt.

Obwohl Altheim keineswegs ein Dorf war, dafür war es eigentlich zu groß – dennoch gab es dort in meiner Kindheit durchaus dörfliche Strukturen.

Wie schon gesagt wohnte ich auf einem Bauernhof mit dazugehörigem Gasthaus und das beinahe mitten im Ort. Dass Kühe durch den Ort getrieben wurden war nicht ungewöhnlich und dass sie Fladen auf der Straße hinterließen auch nicht.

Auf meinem Weg zur Schule ging ich täglich an einer Schmiede vorbei. Dort wurden Pferde beschlagen und ich habe mich oft gefragt warum es ihnen nicht weh zu tun scheint wenn die fast noch glühenden Hufeisen angepasst wurden. Es roch dann nach verbranntem Horn und die Luft war von Rauch durchzogen. Der Wandel machte sich auch dort bereits bemerkbar denn es wurden neben allerlei landwirtschaftlichen Geräten auch schon Traktoren verkauft und repariert.

Soda für die Wäsche kaufte man im Gemischtwarenladen, wurde aus Säcken in Papiersäcke gefüllt, Kernseife war allgegenwärtig und vereinzelt gab es schon Waschmittelpackungen wie Sil oder Persil. Weil das aber für die meisten Haushalte noch unerschwinglich war gab es Waschmittel noch lange bis in die späten 50er Jahre offen zu kaufen. Entweder gab es Waschküchen oder die Wäsche wurde auf dem Herd unter rühren gekocht, dann später auf einem Handwagen zum Mühlbach gebracht und ausgeschwemmt. Wäschewaschen war noch sehr mühsam, daher gab es feste Tage an denen ‚Waschtag' war.

Ob er Wagner hieß oder einer war weiß ich nicht mehr. Jedenfalls gab es dort eine offene Esse mit einem Blasebalg. Man konnte von der Strasse aus zusehen. Auf dem Amboss wurde unter anderem Eisen für die Räder von großen Leiterwagen geschmiedet. Oft sah ich interessiert zu wenn das Metall sich unter dem Hammer zu dem formte was der Schmied beabsichtigte. Das klingende Geräusch wenn der Hammer auf das glühende Eisen traf gehört zu den Klängen meiner Kindheit wie das wiehern von Pferden und deren Hufschlag. Ein Schlag auf das Eisen, dann ein leichterer auf den Amboss. Der Schmied arbeitete konzentriert und hielt kaum inne.

Und da war dann noch der Lederer. Am Mühlbach hatte ein Kriegskamerad meines physischen Vaters namens Huber eine Gerberei. Dort roch es aber ekelerregend. Leder wurde dort gegerbt und haltbar gemacht. Zwar hätte ich die Möglichkeit gehabt mich näher zu informieren, aber der penetrante Geruch hielt meine Neugier in Grenzen.

Auch an einer damals kleinen Brauerei kam ich vorbei. Der Inhaber ein markanter Mann mittleren Alters mit dunklen Haaren und Bürstenschnitt stand jedesmal wenn ich vorbeiging in hüfthohen Stiefeln vor einem Gerät das Reihen von Bierflaschen mit Dampf reinigte. Von den anderen wichtigen Brauereiutensilien und Gerätschaften sah ich nichts weil die in anderen für den Vorübergehenden nicht einsehbaren Räumen untergebracht waren. Heute gibt es das Bier aus dieser Brauerei, die heute vermutlich wesentlich größer und moderner ist, fast in jedem Supermarkt.

Da erinnere ich mich, dass mich Annatant am Sonntag mit einem bauchigen Glaskrug in das Gasthaus dieser Brauerei geschickt hat um für das Mittagessen Bier zu holen. Auf dem Heimweg habe ich jedesmal heimlich am Schaum genippt und keiner hat es gemerkt, glaube ich.

Faszinierend fand ich auch den Holzschuhmacher. Dem sah ich aus dem schmalen Gässchen gerne zu wie er flink und sicher aus einem Stück Holz schuhartige Gebilde schnitt und sie auf einen Haufen warf. Später hämmerte er einen halbrunden Lederlappen darüber dass es wie ein Schuh aussah und der Benutzer hineinschlüpfen konnte. Sie wurden dann im Stall oder sonst wo in Werkstätten oder der Landwirtschaft verwendet.

Etwas außerhalb, nicht unbedingt auf dem Schulweg gab es einen Betrieb der Fässer baute. Holzfässer in allen Größen. Faszinierend für mich war wenn die unterschiedlich grossen Fassringe aufgeschlagen wurden und das Fass Gestalt annahm, danach – ich glaube innen mit Pech oder so – bestrichen wurde damit es dicht war und dann der Deckel aufgesetzt wurde.

Dann gab es noch eine Firma die Herde und Öfen herstellte. Eine andere produzierte Möbel und Einrichtungen.

Wenn ich die damalige Situation aus heutiger Sicht betrachte schien es eine funktionierende Infrastruktur gegeben zu haben, dennoch war es weder meiner Mutter noch meinem Stiefvater möglich als 'nicht dasige' in irgendeinen Arbeitsprozess des Ortes zu gelangen. Man blieb als Einheimischer scheinbar unter sich, die Fremden – wie wir - blieben geduldet wurden aber nicht integriert. Zum Verständnis sei erwähnt, dass wenige Jahre nach dem Krieg durch verschiedene politischen Tatsachen viele Menschen aus unterschiedlichsten Regionen Europas versuchten eine neue Heimat zu finden. Einigen gelang es, anderen – und dazu gehörten wir, zumindest in Österreich – nicht.

Tschick

Heute sagt man Tschick zu einer Zigarette. Als ich Kind war gab es diesen Ausdruck zwar auch schon, aber als Tschick bezeichnete man einen weggeworfenen Zigarettenstummel. So wird dieser Begriff für mich nach wie vor als der Abfall von Zigaretten verstanden.

Es gab damals kaum Filterzigaretten sondern überwiegend Rauchwaren ohne Filter. Die Zigaretten waren eher oval, nicht rund wie heute, rochen süßlich und so weit ich mich erinnere waren es Orienttabake. So stand es zumindest auf der Verpackung. Woher, aus welchem Land, der Tabak stammte wusste ich nicht und es wäre egal gewesen. Die Erwachsenen rauchten bei jeder Gelegenheit. Orienttabake schienen etwas besonderes zu sein. Das war mein Eindruck.

In den Trafiken konnte seinerzeit der Raucher Zigaretten auch einzeln kaufen. Manche Leute hatten einfach nicht das Geld für die ganze Packung und es war nichts Besonderes nur zwei oder drei Zigaretten zu erwerben die in schmale neutrale Papiertütchen gesteckt wurden. Oft wurden wir Kinder von irgendwem in die Trafik geschickt um zwei oder drei Zigaretten zu holen. Es könnte sein, dass mancher sich ob seines Geldmangels geschämt hat und deshalb einen Buben von der Straße aufgetragen hat ihm Zigaretten zu besorgen, aber das weiß ich nicht genau.

Wem selbst für einzelne Zigaretten kein Geld zur Verfügung stand der sammelte Tschicks die in kleinen Dosen oder sonstigen Behältnissen aufbewahrt wurden. Hatte man einige beisammen dann wurde das Papier vom Stummel gelöst, es gab ja noch keine Filterzigaretten und drehte aus den Tabakresten eine Zigarette. Viele Leute machten das und es war nichts ungewöhnliches dabei wenn jemand in geselliger Runde seine Tschickdose hervorkramte um eine Zigarette zu drehen.
Leider bin ich in einer Raucherfamilie aufgewachsen und die Zigarette war stets präsent in Worten wie auch als glimmender Stengel. Rauchen schien wichtig, gehörte zum Leben, war Belohnung oder Motivation und wie ich vielfach vernahm, ein Genuss. Es gab Lieder über das Rauchen, Unmengen von Werbeplakaten auf denen das rauchen gepriesen wurde, Werbespots im schnell heranwachsenden Medium Fernsehen die Kultstatus erreichten und geraucht wurde damals überall. Im Zug, in den Straßenbahnen, in Kinos, in Gasthäusern, in Autobussen. Rauchen war normal. Wenn man heute alte Filme sieht da rauchen alle und der Qualm zieht nur so durch die Räume. Niemand schien sich darüber Gedanken zu machen, dass rauchen schädlich sein könnte.

Es blieb also nicht aus, dass auch ich mich mit dem Rauchen beschäftigte. Bei meinen ersten Rauchversuchen habe ich gehustet und mir grauste den stinkenden Rauch einzuatmen. Es hatte doch keinen Sinn reine Luft mit Rauch einzuatmen. Dennoch mochte ich den Geruch mancher Zigaretten vor allem auf dem Sportplatz wenn Zuschauer rauchten und der leichte Rauch in sauberer Luft in meine Nase stieg.

So sammelte auch ich eine zeitlang Tschicks die ich brav zuhause ablieferte. Ich habe keine Ahnung ob auch andere Kinder für ihre Eltern Tschicks gesammelt haben.

Irgendwann habe ich dieses Zigarettendrehen einmal nachgeahmt und solch ein Ding zu rauchen versucht. Es war furchtbar, mir war danach speiübel und habe das Rauchen auf diese Art nie wieder versucht.

Zumindest in meiner Familie war es kein lange währendes Thema Tschicks zu sammeln weil für Zigaretten leider trotz aller anderen Einschränkungen stets Geld vorhanden war. Rauchen war kein Statussymbol, es gehörte ganz einfach zum savoir vivre.

An der Diskussion ob rauchen gesundheitsschädlich ist möchte ich in Anbetracht der verschmutzten Luft oder Verunreinigungen durch Weltkriege, Sorglosigkeit im Umgang Herstellung und Entsorgung von Kunststoffen aller Art, Atomaren Katastrophen usw. die ja Raucher und Nichtraucher gleichermassen belasten dahingestellt sein lassen. Vernünftig ist rauchen jedoch keinesfalls. Gesundes Rauchen gibt es nicht.

Was die 'Tschicks' betrifft waren sie eine Zeiterscheinung der Nachkriegszeit.

Fritzi

Als ich in die erste Klasse kam war Fritzi schon ein paar Jahre da, noch immer da. Fritzi war der älteste meiner Schulkameraden und nicht zu übersehen. Er überragte die Lehrerin um etliches und uns Schulzwerge sowieso. Aber es ging, obwohl er so groß war und sehr kräftig wirkte, nichts bedrohliches von ihm aus. Ein großes Kind war er, pausbackig unbeholfen und immer zwinkerte er mit den Augen. Fritzi sei nicht ganz richtig im Kopf, aber absolut harmlos hieß es. Er hatte die Klasse etliche Male wiederholt und kam, als er dann alt genug war aus dieser direkt in den Arbeitsprozess zur Fabrik. Fritzi wurde mangels geeigneter Hilfsschule durch den normalen Schulbetrieb geschleust.

Wenn wir ihn hänselten – und das war oft – schien er fuchsteufelswild zu werden, dann richtete er allerdings seine keimende und angestaute Aggression auf sich indem er wilde Laute ausstoßend in seinen Handrücken biss. Zu Beginn der Zweckgemeinschaft mit ihm machte mir seine Größe Angst. Er hätte mich oder andere mühelos zerquetschen können, aber er tat niemandem weh, war - wie wir bald bemerkten – wirklich harmlos. Es war merkwürdig. Je öfter es geschah, dass er sich biss desto sicherer wurden wir, dass von ihm keine Gefahr ausging. Fritzi ist auf meinem Gruppenfoto zur Erstkommunion zu sehen. Wenn ich das Bild heute betrachte hege ich manch anderen Gedanken an ihn und wie wir ihn ob seiner Behinderung immer wieder gehänselt haben.
Nach einem Jahr stiegen wir in die nächste Klasse auf und Fritzi wiederholte wieder einmal die gleiche.

Ich erinnere mich dass er gerne mit seinem Rad fuhr das er abgöttisch liebte. Seine Bewegungen auf ihm waren nicht flüssig wie bei anderen und uns. Sein Bewegungsablauf war ähnlich einer Marionette, zackig und hastig. Jeder im Ort wußte dass Fritzi bald auftauchen würde, weil schon von Ferne seine Stimme zu hören war. Wenn er dann strampelnd vorüberfuhr ahmte er lautstark das Geräusch eines Motorrades nach. „Wrummm, wrummm!" rief er und wenn die Straße eine Kurve hatte oder ein Fahrzeug zu sehen war rief er sein warnendes „Tüüüt, tüüüt!" Man sah kaum mehr hin, er und seine Laute gehörten zum Ortsbild.

„Den hams vagessn" hörte ich einmal einen Gasthausbesucher über Fritzi sagen. Ein anderer pflichtete ihm bei und meinte eigentümlich grinsend
„olle homs hoid do ned dawischt, weisn vaschteckt ham, do issa hoid üwabliem" Von 'Euthanasie' und staatlich organisierter 'Beseitigung unwerten Lebens' auf die sich die Worte bezogen haben wußte ich damals

noch nichts und konnte diese Sätze daher nicht zuordnen. Ich habe zwar in meinem Umfeld vorsichtig nachgefragt, was die Aussage über das vergessen haben anbelangt, aber erfahren habe ich darüber nichts.Nicht zu bestreiten ist, dass fünf oder sechs Jahre nach dem Krieg die Hirnmanipulation der Nazis immer noch Bestand zu haben schien. Die seinerzeit von mir gehörten Aussagen waren keine Ausnahmen oder Ansichten einzelner sondern unverhohlenes Einverständnis samt Duldung von vielen für die vergangenen Gräueltaten ihrer Gehirnwäscher.

Gerne wurden damals die bald zum kotzen reizenden Vokabel benutzt die da lauteten: 'wir haben ja davon nichts gewusst', 'Alles war ja schließlich auch nicht schlecht'

Einmal, ich erinnere mich genau, kam er wieder angeradelt – längst war er kein Schüler mehr. Er arbeitete bereits eine Weile als Hilfsarbeiter in der Sesselfabrik. Eine Gruppe älterer Burschen stand plaudernd beisammen die beschlossen spontan sich einen Spass mit ihm zu erlauben als sie Fritzi schon von weitem hörten. Sie hielten ihn an. Einer tat so als sei er Polizist und Fritzi stieg scheinbar auf das Spielangebot ein, schien sich ob der Aufmerksamkeit die man ihm und seinem Rad zollte zu freuen. Einige von ihnen waren früher mit ihm in der gleichen Klasse und kannten seine Eigenheit und Harmlosigkeit. Sie fingen an ihn so lange zu ärgern und zu hänseln bis er wieder fluchend und unverständliche Verwünschungen ausstoßend in seinen Handrücken biss und die Burschen sich darüber halb tot lachten. Als sie ihn dann endlich entließen hoben sie das Rad am Gepäckträger hoch sodass er hastig und leer strampelte, natürlich nicht vom Fleck kam und als er das bemerkte erneut Verwünschungen ausstoßend wieder seinen Handrücken blutig biss. Erst als sich irgend ein Erwachsener der Szene ein Ende machte, sich erbarmte und meinte dass es nun genug sei ließen sie von Fritzi ab.

Der 'startete' nun wie er es immer tat mit dem Fuß an das Pedal tretend sein vermeintliches Motorrad, schwang sich als es rollte darauf und fuhr unter dem johlenden Gelächter der Burschen eilig davon. Sein immer wieder wiederholtes „wrummm, wrummm, tüüüt, tüüüt" verklang allmählich nachdem er um die Ecke gebogen war. Es schien mir als habe Fritzi den Vorfall bereits als er losfuhr umgehend vergessen. Es war alles wie immer.

Komm Herr Jesus...

„Komm Herr Jesus sei unser Gast..." betete Annatant vor jeder Mahlzeit und ich dachte mir insgeheim, 'gut, dass genug da ist damit auch er satt wird'.
Bei uns zuhause, das heißt bei meiner Mutter und Stiefvater, wurde nicht gebetet. Es wäre nicht genug da gewesen um Jesus auch noch satt zu bekommen. Im Ernst, einige meiner schwachen Versuche bei ihnen das beten vor dem Essen einzuführen scheiterten kläglich. Das lag zum einen daran, dass meine Mutter ursprünglich protestantisch war, dann aber aus mir unerfindlichen Gründen in Österreich zu den Katholiken konvertiert und als Erwachsene getauft worden war. Sie kannte die meisten katholischen Gebete gar nicht. Zum anderen hatte sie keinerlei erkennbares Interesse an einer Kirchengemeinde wie auf dem Lande scheinbar üblich teilzunehmen. Ich kann mich nicht erinnern sie jemals in der Kirche gesehen zu haben außer zu meiner Erstkommunion und daran ist meine Erinnerung nicht sonderlich gut. Sie stammte aus Norddeutschland, war wie gesagt ursprünglich protestantisch und dann katholisch geworden. Wozu? Warum? Keine Ahnung, ich habe sie nie gefragt.
Einziger nennenswerter Bezug meiner Mutter zur Kirche war ihr Interesse zu lesen. Eine Gemeindebücherei gab es nicht aber in der Kirche gab es eine Bibliothek in der man kostenlos Bücher ausleihen konnte. So brachte ich ihr jeden Sonntag nach der Kindermesse auf Empfehlung des Priesters Bücher mit. Manche klangen schon vom Titel her sehr heilig und meines Wissens hat sie diese nicht gelesen, andere schon. Eines das sie meiner Erinnerung nach nur lächelnd beiseite gelegt hat hieß 'Hemma von Gurk'. Den Titel habe ich mir gemerkt weil ich ihn lustig fand. Bücher von Cronin uns so weiter las sie das weiß ich aus ihren Berichten an unsere Nachbarin der sie die Inhalte der gelesenen Bücher erzählte.
Jesus selbst war für mich keine Respektfigur. Als Junge brauchst du ein Vorbild und Jesus Verhalten war alles andere als Vorbildhaft für mich. Erlöser sehen anders aus, dachte ich. Ein Kerl der keinen Mumm hatte, sich gegen Unrecht nicht wehrte und der dann halbnackt ans Kreuz genagelt wurde weil er zuvor einige Zauberkunststücke vollbracht hatte. Was hatte der mit unserem Essen zu tun?
Ich erinnere mich genau an meine erste Wahrnehmung des an ein Kreuz angenagelten nackten Mannes. Das war während einer Prozession der ich als Kind zusah. Ein großer kräftiger Mann trug ein riesiges Holzkreuz in einem Halfter vor sich her. Ein bärtiger nackter Mann aus Holz war mit sehr dicken Nägeln an das Holzkreuz genagelt und an den Wunden war deutlich dunkelrote Farbe. Auf dem Kopf trug er einen stacheligen Kranz und auch hier wieder dunkelrote Farbe die über sein Gesicht lief. Es machte mir Angst

weil der Mann in einer Art bestraft wurde die brutal und fremd war. Der Priester wehte der Holzfigur betörend riechenden Rauch aus einem golden wirkenden Kessel zu, leierte unverständliche Worte in einer Art Sprechgesang als ob er die Holzfigur beschwor leben zu sollen. Die Jesus-Geschichte stammte aus einer fernen unbekannten Zeit und Land. Wie ich aus dem Geschichtsunterricht behalten hatte wurden damals aus den unterschiedlichsten Beweggründen weit schlimmere Taten an auch unschuldigen Menschen begangen von denen man heute nichts mehr weiß.

So dachte ich. Gottes Sohn hätte es nicht nötig sich an den Tisch armer Leute zu setzen und an deren kärglichem Mahl teilzunehmen. Niemand hat mir gesagt, dass es sich um eine Glaubensrichtung handelt. Wer glauben möchte, dass dieser Mann göttlich ist und hofft dass er ihm beim leben hilft, oder überhaupt ihn als Helfer sieht dann soll er das glauben. Menschen brauchen das Mystische um nicht verzweifeln wenn sie etwas nicht begreifen oder verstehen.

Ob den Menschen die Lehre Buddhas hilft, Mohammed, Jesus oder die Esoterik, es ist gut ein Ventil zu haben.

Bei den beiden 'Tanten' war Jesus jederzeit präsent. Sei es als kleine Figur mit dem Kreuz über den Weihwasserkesseln an den Türen, im Herrgottswinkel der Küche, als Bildgestalt über dem Schlafzimmerbett, oder in der Sprache.

„Jessas na!" auch dieser Ausruf des Erstaunens beherbergte Jesus. Letztlich störte mich Jesus nicht weil er nicht greifbar war und sich nur in irgendetwas einmischte wenn ein Mensch darauf beharrte, dass es Jesus Wille sei was immer auch geschah. Das konnte stimmen, oder auch nicht.

„...und segne was du uns bescheret hast!"

Vorarlberg 1

Die Schulferien des Sommers 1956 verbrachte ich in Vorarlberg. Meine Eltern betrieben dort seit kurzer Zeit eine betriebseigene Kantine für die Straßenarbeiter einer Oberösterreichischen Firma. Während der Schulzeit lebte ich ja bei Annatant, in den Ferien durfte ich nach Vorarlberg.

Bearbeitet und errichtet wurde jene der kurvenreichen Nebenstrassen zwischen Dornbirn und Alberschwende die über Winsau führt.

Derweil die Straßenbauarbeiten getan wurden saß ich unter Schatten spendenden Bäumen und verwaltete die Getränke wie Bier und Kracherl. Manch einer der Arbeiter ließ, weil das Geld knapp war, anschreiben und bezahlte wenn er den Wochenlohn erhielt. Zu diesem Zweck führte ich eine Liste mit Namen und konnte die Leute bald auseinanderhalten. Den stets beißenden Geruch des frischen Teers empfand ich nicht als unangenehm und gehört für mich heute noch zu dieser und ähnlicher Landschaft wie die schwer arbeitenden Männer in den teerverschmierten Arbeitskleidungen. Vom Polier und den Vorarbeitern wurde bestimmt wie und was getan werden sollte und für mich als Kind war es selbstverständlich, dass die Arbeiter bis zur Erschöpfung arbeiteten. Rumänen, Kroaten mit deutschen Hintergrund arbeiteten hier, auch Deutsche und Österreicher. Eine Bunte Mischung von Charakteren die manche Konflikte in sich barg.

Wenn als letzter Arbeitsgang die Straßenwalze im Schneckentempo über den frischen Asphalt tuckerte wurde wieder ein Teilstück fertig. Mein Getränkedepot wanderte mit weil die Arbeiter sich erboten die Kisten zum nächsten Arbeitsabschnitt zu befördern. Frühmorgens fuhren wir mit einem Lastwagen zur Arbeitsstelle und der Tag dauerte lange. Langweilig wurde mir nie, denn ich verbrachte meine Zeit am Straßenrand mit lesen. Ich las schon damals was mir in die Hände fiel. Es gefiel mir die Handlungen mitzuerleben die sich jemand ausgedacht oder selbst erlebt hatte. Am liebsten las ich aber aber Karl May. Irrwitzig war das schon. Ich befand mich in einer der schönsten Gegenden Österreichs und sehnte in meiner Fantasie ferne Länder und deren Landschaft aus den Büchern herbei.

Einmal kam es vor, dass ein mit Schotter beladener Lastwagen in einer Kurve von der Strasse abkam und seine Ladung in der Wiese landete. Der Fahrer habe zu viel getrunken hieß es und der Polier ließ sich von mir die Liste zeigen. Ab diesem Zeitpunkt durfte ich an keinen der Fahrer mehr Bier herausgeben, auch an den Walzenfahrer nicht. Meist aber geschah nichts Erwähnenswertes und so konnte ich mich den Büchern und der Beobachtung der Natur widmen.

Die Arbeiten würden bis in den Herbst dauern, wurde beim Abendessen gesagt und ich begann jetzt schon dieses Leben zu vermissen, denn irgendwann musste ich ja wieder in die Schule.

Die Kantine war in einem großen Bauernhof in Winsau untergebracht in dem ein Teil der Arbeiter auch schlief. Andere wohnten zur Untermiete in anderen Bauernhäusern der Umgebung.
Zur Kantineneinrichtung gehörte ein riesiger Linde-Kühlschrank. Vergesst wie ein Kühlschrank heute aussieht mit all dem Plastik und Metall und der elektrisch betrieben wird. Dieser Kühlschrank war aus Holz mit an den Kanten und Rändern angebrachten Blechplatten. Ein- oder zweimal in der Woche kam ein Pferdegespann auf dessen Wagen lange rechteckige Eisblöcke lagen. Die Fahrer luden das Eis ab indem sie mit einem Pickel die Eisblöcke vom Wagen zogen und die tropfende schwere Last ins Haus brachten. Wir zerhackten das Eis in einem Bottich und schütteten die zerkleinerten Brocken in die Rundumwanne des Kühlschranks die sogleich abgedeckt und verschlossen wurde. Das hielt Fleisch und Wurst für einige Tage kühl.

Gab es ein Unwetter, dann hatte man die Befürchtung, dass nach landläufiger Meinung, die Welt untergeht. Es blitzte, donnerte und das Echo der Berge verstärkte die fremden unheimlichen Geräusche umso mehr. Manchmal regnete es dann einige Tage. Arbeit auf der Straße war dann nicht möglich und so lungerten die Arbeiter kartenspielend und biertrinkend im großen holzgetäfelten Raum der zur Kantine umfunktioniert worden war, herum. Mancher Streit wurde handgreiflich ausgetragen und ich sah viele blutende Gesichter.

Mit zwei etwa gleichaltrigen Buben aus Winsau hatte ich zwar Kontakt, spielte mit ihnen Räuber und Gendarm, verstecken und was sonst noch alles, aber besonders intensiv wurde der Kontakt nicht weil ich ja nur etwa zwei Monate hier sein würde. Der eine hieß Kaspar und war ein etwas zu kurz geratener quirliger Kerl mit dunklen Haaren. Er war der älteste von sieben Kindern des Nachbarbauern, den Namen des anderen habe ich vergessen aber nicht wie er aussah. Er war gut einen Kopf größer als ich dabei stand ich in der Turnriege immerhin stets unter den drei ersten. Seine kräftigen rotblonden Haare hingen ihm ins Gesicht und er war dauernd damit beschäftigt sie von seinen Augen wegzuschieben. Von ihnen erfuhr ich von der winzigen Schule nahe der Straße in die ich neugierig geworden hineinlugte. Zwar kam ich letztlich auch aus einem kleinen Ort, aber gegen Winsau, dessen Schule aus einem einzigen Raum bestand in der alle acht Schuljahre gelehrt wurden, war Altheim mit zwei je achtklassigen Schulen mehr als größer und ich konnte mir überhaupt nicht vorstellen wie lernen auf diese Art möglich war.
Winsau bestand damals aus der Ansammlung einiger Bauernhäuser im typisch Vorarlberger Stil. Aus Holz das vielen Wetten getrotzt hatte und entsprechend verwittert, ja fast düster wirkte. Eine winzige Kirche in der

sich eine kleine Orgel befand gab es auch. Zwar waren wir ausnahmslos Ministranten, kannten Kirchenbräuche und Messehandlungen. Wie man eine Orgel bedient wussten wir aber alle drei nicht. Dennoch brachten wir die Orgel irgendwie zum laufen denn Lange dessen Namen ich vergessen habe meinte, dass man nur den Blasebalg zu treten hätte. Bald entlockten wir der Orgel grauenhafte Töne weil jeder seinen Ton hören wollte. Wir zogen die Register mit den unbekannten Beschriftungen, drückten wahllos die Tasten und wir hätten das Orgelwerk wohl zerstört hätte uns eine Bäuerin vom Lärm alarmiert, nicht Zeter und Mordio schreiend aus der Kirche vertrieben.

Wenn die Arbeiter am Wochenende kegelten stellte ich die Kegel auf und verdiente mir überraschenderweise ein erhebliches Taschengeld. Das war soviel Geld, dass ich nicht wusste wofür ich es ausgeben sollte. Ein Geschäft das Konsumwünsche anregte gab es nicht, also war ich unfreiwillig gehalten mein Geld zu sparen. Es war aus heutiger Sicht nicht unbedingt eine Riesensumme, so um die 40 – 50 Schilling, aber unglaublich viel Geld für mich als 12jährigen. Als Vergleichspunkt zu heute: eine Kugel Eis kostete damals 50 Groschen.
Es war komisch, da hätte ich das Geld gehabt mir Wünsche zu erfüllen und hatte keine. Nicht einer meiner Spielgefährten besaß etwas das auch ich gerne gehabt hätte. Wir spielten mit dem was da war, das jedermann zugänglich war und nichts kostete. Fehlte uns irgendwas zum Spielen ersetzten wir das durch Fantasie. Als Gewehre dienten formähnliche Äste, der alte Kinderwagen war ein Rennauto bis es – ohne Inhalt - den Abgrund hinunterrollte und zerbarst. Dann wurde unser Rennauto eben durch den Dengelbock ersetzt, es fiel uns immer was ein. Einer der Arbeiter hatte uns Boccia nahegebracht. Die Kugeln formten wir aus den reichlich vorhandenen Teerresten und wenn das langweilig wurde spielten wir etwas anderes. Sorglos war diese Zeit weil kein Wunsch am Glücksgefühl nagte.
Seither habe ich mich oft gefragt ob Glücksgefühl wirklich von erfüllten Wünschen abhängt, oder ob Glücklichsein auch ohne befriedigten Anreiz überschäumend sein kann.
Wenn ihr euch fragt was ich mit dem Geld gemacht habe, so ist das ganz einfach. Eines Tages schickte mich meine Mutter mit dem Fahrrad nach Alberschwende um bei der Post einen Brief aufzugeben. Nachdem ich das erledigt hatte sah ich mich in dem kleinen Ort um und entdeckte ein Geschäft in dessen Schaufenster Spielzeug ausgestellt war. Der rote Blechkran mit der Kurbel hatte es mir auf Anhieb angetan. Ich stellte mir vor wie man mit ihm spielen konnte, betrat kurzerhand den Laden und fragte nach dem Preis. Ich frohlockte, zweimal konnte ich mir den Kran leisten! „Ich komme wieder!" sagte ich hastig und sprang auf mein Fahrrad.
Schnell war ich immer, aber so aufgeregt bin ich selten mit dem Rad unterwegs gewesen. Ich radelte nach Winsau zurück, holte mein erspartes Geld

und strampelte erneut nach Alberschwende. Es waren ja nur 2 – 3 Kilometer und dauerte nicht allzulange, aber meine Angst jemand anderer könnte in der Zwischenzeit den Kran erworben haben war Ansporn genug für die Eile. Außer Atem kam ich an, der Kran war noch da! Ich brauchte eine Weile bis ich sagen konnte was ich wollte und als ich mit dem sorgsam in die mitgebrachte Decke eingewickelten Kran auf dem Gepäckträger langsam nach Hause fuhr hielt ich mindestens viermal an um ihn am Straßenrand auszuprobieren.

Einige Wochen später war Schulbeginn in Oberösterreich und meine Zeit in Vorarlberg vorüber. Die Spielkameraden aus Winsau winkten mir vom Schotterhaufen flüchtig zu als ich in den Bus nach Dornbirn stieg ehe sie sich wieder ihrem provisorisch zusammengeschnürten Kran zuwandten mit dem sie Sand auf ihre zerkratzten Lastwagen aus Holz luden.

Vorarlberg 2

Es muss so Mitte der Ferienzeit in Vorarlberg gewesen sein als etwas geschah das mir unerklärliche Angst machte und selbst heute noch das Gefühl von Ohnmacht hervorruft wenn es mir einfällt.

Es war keines der Gewitter bei denen es in den Bergen richtig rummst und man die Urgewalt förmlich spüren kann, nein es war ein Holzscheit wie man es zum einheizen verwendet.

Das kam so...

Es war schon finster. Die Arbeiter saßen plaudernd an den Tischen in der Kantine. Der eine oder andere schrieb an einem Brief. Andere spielten Karten. Typische Feierabendstimmung.

Plötzlich ein ohrenbetäubender Knall, Glas klirrte, Männer schrien erschreckt auf, Gläser stürzten um, etwas polterte schwer auf dem Holzboden. Alle starrten auf das Fenster. Zwei der kleinen Scheiben waren zersplittert, das Querholz gebrochen hing nach innen. Dahinter das Dunkel.

Es dauerte einige Momente bis sich die Situation einordnen ließ, aber sich noch immer nicht zusammenhängend erklärte.

Einige der Männer waren eilig aufgesprungen, rannten nach draussen. Ich sah den Polier der seine Wange hielt und zwischen seinen Fingern rann Blut hervor.

Erst jetzt wurde allen klar was geschehen war. Das auf dem Boden liegende dicke Holzscheit war durch das Fenster geworfen worden und hatte ihn an der Wange getroffen.

Bald war der Übeltäter von den hinausstürmenden Männern gefasst und mir schien, dass nicht allzuviele wütend auf ihn waren, im Gegenteil. Elf Jahre nach dem Krieg hielten die Seilschaften aus jener Zeit noch immer ehe sie sich unterschiedlichen Strömungen anpassten. Da war es wieder, mein Gefühl, dass die unterschiedlichen Männer etwas miteinander verband von dem ich keine Ahnung und zu dem ich keinen Zugang hatte.

Dem Werfenden war am Nachmittag vom Polier ein Ultimatum gestellt worden das wussten alle. Der Mann war untersetzt, stämmig, wirkte kräftig aber er trank gerne und viel. Das wusste ich durch seine Anschreibliste, schließlich verkaufte ich auf der Baustelle unter anderem auch Bier an die Arbeiter. Der Polier hatte ihn deshalb mehrmals gerügt und mir verboten ihm Bier zu geben. Ich hielt mich daran, aber er nahm es sich dennoch ganz einfach aus dem Kasten und meinte dabei immer nur:

„schreibs zum anderen!" wie hätte ich ihn daran hindern sollen?

Der Polier hatte ein große Platzwunde am Unterkiefer aus der unablässig Blut tropfte und seinen verwaschenen Pullover mit einem großen Fleck dunkel tränkte.

Meine Mutter tupfte die Wunde mit Jod ab und einer der Arbeiter klebte dann ein dickes Heftpflaster auf seine Wange.

Die Stimmung war geteilt. Die einen verurteilten den heimtückischen Wurf ganz offen, andere enthielten sich einer Meinung. Die Frage nach der sogenannten Obrigkeit in Form von Gendarmerie stellte sich nicht. Es wäre sowieso keine gekommen, wie auch hätte man sie verständigen sollen? Weit und breit gab es kein Telefon. Und wegen eines Holzscheitwurfs jemand zum kilometerweit entfernten Posten zu schicken... dafür war nicht genug passiert.

Einer meinte, dass es jeden hätte treffen können und nur durch Zufall der Polier das Opfer war. Der Werfer selbst äusserte nicht wen er zu treffen beabsichtigte. Er spuckte betrunken auf den Boden und saß für den Rest des Abends fast apathisch an die Wand gelehnt und sprach kein Wort. Selbst dann nicht wenn er gefragt wurde.

Was mich ein wenig verwunderte war, dass der Werfer nicht entlassen wurde, sondern nächsten Tag als sei nichts gewesen wieder zur Baustelle fuhr.

Ob das was dann etwa acht Tage später passierte in irgend einem Zusammenhang mit dem Vorfall steht weiß ich nicht.

Der Holzscheitwerfer wurde eine Woche später in einem tiefen Graben neben der neuen Strasse gefunden. Er war tot. Angeblich war er tags zuvor unten in Schwarzach gesehen worden, sei ziemlich betrunken gewesen und war dann auf dem Nachhauseweg offensichtlich durch die übermächtige Alkoholeinwirkung in die Schlucht gestürzt. An den Verletzungen sei er dann gestorben. So wurde erzählt. Mysteriös war und blieb der Vorfall dennoch.

Jedesmal wenn ich mit dem Fahrrad an der Schlucht vorbeigefahren bin musste ich schaudernd daran denken, dass hier ein Mensch den ich gekannt hatte zu Tode gekommen war.

Einige male bin ich mit dem Fahrrad alleine nach Dornbirn hinunter gefahren. Nur so zum Spass und habe mir in der damals sehr bekannten Konditorei ein großes Eis geleistet. Das war leicht die neue Strasse hinunter zu fahren. Ich brauchte nur zu lenken und zu bremsen, sauste wie auf Flügeln nach unten. Zurück war es dann eine anstrengende Angelegenheit. Nur auf wenigen Abschnitten konnte man treten. Absteigen war angesagt. Meistens musste ich schieben. Dennoch empfand ich die Heimfahrt, eigentlich den Heimgang nicht als Mühsal.

Viele Jahre später fuhr ich die Strasse mit dem Motorrad ab und bewunderte manch schönen überwältigenden Ausblick den ich damals als Heranwachsender nicht gewürdigt oder gebührend wahrgenommen habe.
Durch das Kegelaufstellen hatte ich mir inzwischen ein hübsches Kapital angehäuft. Zieht man den erworbenen Kran und das verzehrte Eis in Dornbirn davon ab blieb mir bis zur Heimreise etwa einhundertzwanzig Schillinge. Ein Vermögen für mich.

Nach den Ferien hieß es Abschied nehmen, wurde von meinem Stiefvater nach Feldkirch gebracht und fuhr mit der Eisenbahn alleine nach Altheim zu den beiden 'Tanten' zurück. Mit Wehmut dachte ich danach oft an die herrliche unbeschwerte Zeit in Vorarlberg.

Seltsam ist für mich noch heute, dass ich nicht traurig war meine Familie zu verlassen. Es erschien mir normal, dass Familien nicht dauernd zusammen lebten. Im folgenden Herbst, als die Straße dann bis Alberschwende geteert war kehrten meine Eltern nach Altheim zurück und ich tauschte das komfortable Leben mit den beiden Tanten gegen die beengte Behausung meiner Familie ein. Dieser Zustand hielt jedoch nicht lange an. Im Spätherbst 1957 übersiedelten wir dann in die Bundesrepublik Deutschland. Nicht nur für mich begann damit ein wichtiger neuer Lebensabschnitt.

Meine kindliche Wienerzeit

Meine Mutter lebte mit ihrem Lebensgefährten einem Volksdeutschen der aus der Vojvodina stammte in Altheim, die Familie meines Vaters in Wien. Mein Vater hatte wieder geheiratet und mit seiner neuen Frau einen Sohn. Zwei Jahre lang pendelte ich auf seinen Wunsch zwischen Wien und Altheim. So war ich jedes halbe Jahr in zwei Schulen. In Wien war ich für meine Mitschüler der Bauer aus Oberösterreich und in Altheim der Weanabazi.

Es war nicht leicht diese Vorurteile zu verarbeiten. Beide Schulen waren recht unterschiedlich. In Oberösterreich waren die Lehrer überwiegend autoritär. Während mir in Wien schien dass seitens der Lehrer ein Bemühen erkennbar war das soziale Umfeld und die Herkunft eines Schülers zu tolerieren wurde in Altheim auf Unterschiede Wert gelegt. Als Beispiel für einen direkten Vergleich sei folgendes erwähnt.

In einer Art Aufsatz sollten wir Schüler uns selbst und unsere familiären Verhältnisse beschreiben um uns danach durch vorlesen den Mitschülern vorzustellen. Ich erinnere mich deutlich dass der Wiener Lehrer ausdrücklich darauf hinwies, dass für ihn unerheblich sei ob der Beruf des Vaters Bankdirektor oder Strassenkehrer sei. Die Benennnung der Herkunft führe zu keinen Rückschlüssen auf die Intelligenz eines Schülers und sei daher entbehrlich. Dann passierte es einfach. In meinem unbändigen Stolz und Freude in einer Schule endlich einmal meinen richtigen Vater benennen zu können habe ich diesen Hinweis missachtet und muss zu meiner Schande gestehen, dass ich genau hineingetappt bin und beim Beruf des Vaters einfältig 'Handelsvertreter' geschrieben habe. Das brachte mir eine Rüge ein und ich beschloss in kindlicher Ernsthaftigkeit künftig solche Herausstellungen zu vermeiden.

Im nächsten Schulabschnitt, das halbe Jahr war um – ich war wieder in Altheim – bekamen wir eine ähnliche Aufgabenstellung. Ich schrieb also meine vitae, erinnerte mich an die Rüge in Wien, ließ meinen leiblichen Vater aus dem Spiel – er stand mir nun mal immer weniger nahe - und gab als Vater den Lebensgefährten meiner Mutter an. Der war gelernter Drogist, vor dem Krieg in seiner Heimat selbständig, arbeitete jedoch in Österreich nicht in seinem Beruf sondern als Hilfsarbeiter bei einer Anstreicherfirma in Linz. Als seinen Beruf gab ich also Anstreicher an. Mit Hohn in der Stimme, die Klasse als bereitwillig gefügiges Auditorium nutzend zerpflückte der Lehrer – er hieß übrigens Dögl - meine Familiendarstellung.

„Staatenloser Hilfsarbeiter! Merkt euch, nicht jeder Anstreicher wird erfolgreich sein..." Damit warf er mir meinen Aufsatz geringschätzig vor die Schulbank.

In der Schule in der Währingerstrasse in Wien hatten wir unter anderem natürlich auch turnen. Wir sollten an einem Seil bis zur Decke klettern. Es gelang niemandem außer mir und ich war stolz darauf es als einziger geschafft zu haben. Kurz bewunderter Mittelpunkt zu sein tat gut. Der Lehrer lobte mich indem er sinngemäß sagte, dass die Buben auf dem Land dafür eben besser geeignet seien weil sie näher an der Natur seien, viel kletterten, dafür könnten die Wiener halt andere Dinge besser.

In Altheim wurde auch geturnt und als mir eine Übung misslang tönte der Lehrer, dass die Wiener offenbar körperliche Schwächen hätten aber mit dem Mundwerk halt besser als die Landbevölkerung sei. Solche Beispiel gäbe es mit einigem Nachdenken noch viele, aber ich halte sie nicht für wesentlich.

In Wien wurde mir beigebracht beim Essen stets Haltung einzunehmen indem man mir Bücher auf den Kopf und unter die Arme klemmte. Stocksteif dasitzend stocherte ich im Essen und habe in dieser Zeit wohl auf so manchen Bissen, den ich gerne getan hätte, verzichtet.

Bitte und Danke zur rechten Zeit zu sagen empfand ich nicht als verkehrt, aber einen Toilettenbesuch zu erbitten und hinterher sich für dessen Gewährung bedanken zu müssen fand ich übertrieben. Es häuften sich die Reibungspunkte und ich wollte daher immer weniger gern nach Wien.

Mein Onkel Oskar war in der Zwischenzeit mit seiner Frau nach Schweden ausgewandert. Das bis dahin von ihnen bewohnte Zimmer wurde zum Kinderzimmer für den neuen Sohn meines Vaters und für mich umgewandelt. Er ließ sich die Gestaltung wohl etliches kosten. Ein Maler stattete die Wände mit großen Zeichnungen der Lausbubenstreiche von Max und Moritz aus. Die Bilder waren wirklich schön, jedoch waren die dazugehörigen Verse für mich zunächst schwer lesbar weil in Kurrentschrift. Weil ich den Text aber bereits auswendig kannte lernte ich gewollt oder ungewollt dennoch diese alte Schriftform zu lesen.

Mein Halbbruder aus der neuen Ehe meines Vaters war etwa ein Jahr alt und das kleine Kind bekam was ich sosehr vermisste. Er wurde gestreichelt, umarmt und erhielt jene Zuwendung die ich auch gerne gehabt hätte. Trotzdem - so schien mir - schrie er ständig wie am Spieß und weil ich mit ihm das Zimmer teilen musste wuchs meine Abneigung gegen ihn mit jedem Tag. Ich empfand sein Verhalten als undankbar.

Irgendwann, ich sollte mit ihm spielen, konnte aber als Neunjähriger mit dem Säugling überhaupt nichts anfangen, plärrte er wieder einmal - wie ich meinte – sinnlos, da schob ich ihn unter das Bett. Nicht um ihn zu verletzen, sondern so als habe er sich verkrochen. Es sollte so aussehen, dass er deswegen weinte weil er nicht unter dem Bett hervor konnte. Einen Grund für sein nervendes Schreien sollte er haben.

Sofort war ich als Schuldiger von den herbeieilenden Erwachsenen erkannt. Meinen Beteuerungen ich sei unschuldig und hätte nicht bemerkt wo der Kleine war glaubte mir mein Vater nicht. Damit ich wissen sollte wie das Baby sich unter dem Bett gefühlt hatte, stieß er mich mit den Füßen darunter. Er trat brutal immer wieder und wieder zu und ich verkroch mich ganz nach hinten an die Wand wo seine Tritte mich nicht erreichen konnten. Meine Haare verfingen sich den Drahtmaschen der Bettfederung und ich war das einsamste Kind der Welt. Danach zog er mich heraus und schlug sosehr auf mich ein, dass mein Großvater – der eher ein Mann der Worte denn ein Mann der Körperkraft war - ihn festhielt. Ich glaube heute, dass er mich totgeschlagen hätte wäre mein Großvater nicht dazwischen gegangen. Ich erinnere mich, dass ich ab diesem Zeitpunkt von meinem Vater als Bastard bezeichnet wurde. Es war der Beginn unzähliger Prügel die ich von ihm bezogen habe. Irgendwann, als ich die Kindheit abgestreift hatte habe ich dann beschlossen ihn nicht mehr als Vater zu betiteln, denn diese Respektbezeichnung hat er nicht verdient. Seither pflege ich ihn in meinen Erzählungen als 'mein physischer Vater' zu benennen. Meinen Halbbruder hat mein physischer Vater übrigens nach der Trennung von seiner damaligen Frau zur Adoption freigegeben. Groß war seine Vaterliebe zu ihm also auch nicht.

Vielleicht gebe ich heute in der Erinnerung jenem Vorfall mehr Bedeutung als ihm zusteht. Aber zu dieser Zeit wurde die 12 Zimmerwohnung meines Großvaters in der wir alle gemeinsam wohnten, aufgeteilt. Der große Flur wurde zugemauert und ich konnte nicht mehr ungehindert in die Räume des Großvaters.

Wann immer der Vater und die Stiefmutter verreist waren ließ mich aber das Dienstmädchen zum Großvater hinüber gehen und ich durfte dann in seinem Salon auf der weichen Couch schlafen. Die große Standuhr tickte beruhigend und ihre Schläge zur vollen Stunde gaben mir jene Zugehörigkeit und Heimeligkeit die ich in Wien sehr vermisste.

In diese Zeit fällt meine Berührung mit einem alten römischen Philosophen. Auf dem kleinen Firlefanztischchen zwischen der voluminösen Stehlampe und der Couch auf der ich gelegentlich schlafen durfte lag ein schmales abgegriffenes Buch. 'Epiktet' stand in dicken gotischen Lettern auf dem grauen Einband. Weil es eigentlich immer dort lag fing ich eines Tages an darin zu blättern. Keine Bilder... uninteressant! Ich qualifizierte es damit ab. Aber dann fing ich nach einigen lustlosen Versuchen doch an mich um die Worte zu bemühen. Zunächst verstand ich kaum was da stand. Manches konnte ich noch gar nicht begreifen weil Begriffe benutzt wurden die ich noch nie zuvor gehört hatte.

Als ich in Altheim unter Schulkameraden einmal erzählte, dass Epiktet geschrieben hat 'wenn du ins Bad gehst, ärgere dich nicht wenn du nass gespritzt wirst` und ich erklären wollte was damit gemeint ist hielten sie mich für einen Klugscheisser, weil das eh jeder weiss. Ich behielt also künftig für mich was an Lebensweisheiten in diesem Buch stand und drängte niemand mehr dessen Betrachtungen auf.

Ich hatte damals eine Warze auf dem rechten Handrücken bekommen. Sie war nicht groß, aber störend war sie. Heute fällt mir auf dass damals viele meiner Mitschüler an den unterschiedlichsten Körperteilen Warzen hatten. Es schien nichts ungewöhnliches zu sein. Das Dienstmädchen band sie eines Tages mit einem Zwirnsfaden fest ab und meinte sie würde in einiger Zeit von selbst abfallen. Wieder einmal durfte ich auf der Couch beim Großvater schlafen und erwachte weil mein Schlafanzug klebrig und körperwarm nass war. Als ich die Stehleuchte anknipste und sah, dass ich von oben bis unten mit Blut besudelt war schrie ich voll Todesangst laut auf. Mein Großvater kam hereingelaufen und sein erschrockenes Gesicht bei meinem Anblick ist ein Bild das sich tief in mir gespeichert hat. Als Arzt hatte er jedoch die nötige Übersicht und umgehend festgestellt, dass lediglich die Warze abgefallen war. Es schein ihm nichts auszumachen wie ich aussah. Er umarmte, tröstete und beruhigte mich. Seither weiß ich was Geborgenheit heißt.
Dieses Gefühl habe ich ein weiteres Mal bei meiner Mutter erlebt als ich im folgenden Jahr Angina hatte. Sie kümmerte sich aufopfernd und sehr lieb um mich. Von da an wollte ich dieses Gefühl immer wieder erleben und habe oft Krankheit simuliert, indem ich sogar das Fieberthermometer mit der Flamme des Streichholzes manipuliert habe, darauf fiel sie aber nie herein.

Von der Schwarzspanierstrasse zur Währingerstrasse ist es eigentlich nicht weit. In letzterer ging ich - wenn ich in Wien lebte - zur Schule; allerdings war die Schule etwa vier Straßenbahnstationen weit weg. Straßenbahnfahren fand ich herrlich und gab mir das Gefühl in einer Großstadt zu leben und ein Teil von ihr zu sein. In welche Stadt ich später auch kam, ich maß deren Bedeutung am Vorhandensein einer Straßenbahn. Damals gab es noch Waggons mit einem Perron, also offen waren.
Mein physischer Vater hatte kategorisch abgelehnt, als ich ihn bat mit der Strassenbahn zur Schule fahren zu dürfen. Er meinte, ich sei vom Land und Bauern gingen selbst größere Entfernungen zu Fuß. Die Fahrt kostete wenige Groschen und mein keimender Widerspruchsgeist tat ein übriges. So hatte ich ohne lange zu überlegen mein Sparschwein, ein kleines weißes Ding aus Porzellan, mit einem Hammer erschlagen. Der Inhalt war mehr als ausreichend und würde mir viele Fahrten mit der Tramway erlauben. Somit fuhr ich manchmal zur Schule und umgekehrt, öfter bin ich aber auch zu Fuß gegangen.
Es war Winter, später Nachmittag und es war bereits dunkel. Auf den Stra-

ßen lag Schnee und ich fuhr mit der Straßenbahn von der Schule nach Hause. Verwirrt durch die vielen Lichter bekam ich Angst meinen Ausstieg verpasst zu haben und sprang - nicht todesmutig, sondern aus übermäßiger Angst vor Strafe, sollte ich mich verirren - während der Fahrt ab. Ich prallte auf einen Mann der an jener Station stand an der die Straßenbahn ohnehin gleich gehalten hätte. Er fluchte laut, schimpfte mich berechtigt aus als er sich aufrappelte. Ich klaubte eiligst meine Schultasche auf und lief ohne Verirrung nach Hause. Niemand habe ich von dem Vorfall erzählt, auch meinem Großvater nicht.

Natürlich fiel bald auf, dass das Sparschwein nicht mehr existierte. Drei Tage hintereinander musste ich nachdem ich aus der Schule kam ohne Essen zu bekommen in die Zwischentüre.

Die Zwischentüre trennte sein Arbeitszimmer vom Wohnsalon. Zwischen beiden Türen war ein winziger Raum nicht breiter als zwanzig Zentimeter. Der Abstand der beiden Türschnallen war kaum ein Zentimeter. Heute würde man Doppeltüre dazu sagen. Ich kam immer dann in die Zwischentüre wenn es mein physischer Vater für angebracht hielt seinen Erziehungsmethoden Nachdruck zu verleihen. Ich konnte eigentlich nur darin stehen weil sitzen kaum möglich war. Einmal habe ich mich hingekauert, da schlief das Bein ein und es tat höllisch weh es wieder zu bewegen. Das Stehen über viele Stunden wäre nicht das Schlimmste gewesen, aber die Dunkelheit machte mir Angst. Es gibt keine Angstfreie Logik für Kinder. Völlige Dunkelheit erzeugt auch ohne unmittelbare Gefahr Angst. Ich weinte leise vor mich hin bis sich am Abend die Türe öffnete und ich aufgefordert wurde mein Vergehen mehrmals zu bedauern. Weil ich mich nicht nur zu diesem Anlass oft weigerte mich gefühlsmäßig zu entblößen galt ich bald als verstockt.

An schöne Zeiten meiner Kindheit in Wien erinnere ich mich überhaupt nicht. Die Spielzeugeisenbahn wurde von meinem physischen Vater ständigen Reparaturen unterzogen. Berühren durfte ich sie nie und so verlor ich bald das Interesse daran. Weihnachtgeschenke – und das waren nicht wenige – mussten in Wien bleiben und in Altheim glaubte man mir nicht wenn ich von ihnen erzählte weil ich keinen Beweis für deren Existenz erbringen konnte.

Und dann gab es noch die Geschichte mit den Krautfleckerln. Irgendwann gab es zu Mittag Krautfleckerl. In Wien eine Spezialität für die sogar Gourmets schwärmen. Ich probierte, aber sie schmeckten mir nicht sonderlich. Während die anderen sich darüber freuten und genüsslich aßen stocherte ich unlustig in meinem Teller herum. Das schwere Buch auf dem Kopf und die beiden anderen unter den Armen. Für meinen physischen Vater ein weiteres Indiz meiner Verstocktheit weil ich durch mein Verhalten Anderen die

Freude am guten Essen nähme, meinte er.

„Du wirst sie essen, glaube mir!" sagte er. Am Abend nach dem Aufenthalt in der obligaten Zwischentüre bekam ich dieselben Krautfleckerl im gleichen Teller wie zu Mittag vorgesetzt. Ich aß sie nicht obgleich mein Hunger übermächtig war. Insgeheim hoffte ich einen Apfel aus der Obstschale stibitzen zu können, aber die war vorsorglich in der Küche verschlossen worden. Statt Frühstück gab es die nun schon bekannten Krautfleckerl. Es würgte mich als er einen Löffel benutzte, meinen Kopf festhielt um mir das klebrige Zeug in den Mund zu schieben. Es herrscht die landläufige Meinung vor, dass Kraut erst nach mehrmaligem aufwärmen den richtigen Geschmack entwickeln würde und immer besser schmecken würde. Ich kann das nicht bestätigen. Am dritten Tag zu Mittag als die Krautfleckerl schon Fäden zogen, gräßlich stanken und ich sie – selbst wenn ich gewollt hätte – nicht essen gekonnt hätte, fiel dem Dienstmädchen nach dem abräumen aus Versehen der Teller herunter und zerbrach in viele Scherben. Tod allen Krautfleckerln! Vielleicht hat sogar der Teller Erbarmen gehabt und Selbstmord ob seines abscheulichen Inhalts begangen.

Wenn es heutzutage irgendwo Krautfleckerl gibt und seien sie angeblich noch so gut, dann mache ich um die entsprechende Lokalität einen großen Bogen weil schon der Geruch dieser angeblichen Spezialität in mir Übelkeit auslöst.

Wer sich fragt was ich denn in den drei Tagen der Krautfleckerlzeit gegessen habe, dem sei gesagt, dass man mit kindlichem Widerspruchsgeist vermutlich sogar länger ohne zu essen Widerstand leisten kann. Tatsächlich habe ich in dieser Zeit nichts gegessen und Hunger nur einen Tag lang als Schmerz gefühlt. Nach der Überwindung des unbändigen Essensdranges ließ das rumoren im Bauch nach.

Eine weitere schlechte Erinnerung an die Wiener Zeit ist der Vorfall mit der Salmiakgeistflasche.

Auf der anderen Seite der Straße des Hauses in der Schwarzspanierstrasse gab es damals eine Drogerie oder Farbengeschäft, so genau weiß ich das nicht mehr. Ich wurde hinübergeschickt um eine Flasche Salmiakgeist zu holen. Die dicke dunkelgrüne Flasche mit dem wulstigen Kragen in meinen Händen betrat ich das Haus. Weil ich den Lift alleine nicht benutzen durfte lief ich so schnell ich konnte die steinernen Treppen hinauf. Ich stolperte, fiel hinauf, die Flasche zerbrach und die Flüssigkeit ergoß sich über die Stufen. Mich überfiel Todesangst weil ich keine Luft zu bekommen schien. Ich hatte unglaubliche Angst. Nichts würgte mich und dennoch hatte ich das Gefühl nicht einatmen zu können. Hilflos war ich und konnte nicht entfliehen. Die alte Baronin von Heine – eine meiner Großtanten die im Mezzanin wohnte – hatte wohl das splittern der Flasche gehört, eilte herbei und zog mich aus der nicht atembaren unsichtbaren Dunstwolke des Salmiaks.

Natürlich landete ich erneut in der Zwischentüre und der Gestank von Salmiak wollte und wollte nicht aus meiner Nase weichen. Essen gab es wegen des angerichteten Schaden keines, aber es störte mich nicht. Ich lebte und hatte das Gefühl dem Tod entwischt zu sein.

Und da war dann noch die Sache mit dem Dienstmädchen.
Zwar hatte sie mich aus der Krautfleckerlnot bewusst oder unbewusst errettet, aber ansonsten war unser Verhältnis neutral was auch daran lag, dass sie eher für die Betreuung meines Halbbruders engagiert war. Deli wurde sie gerufen, stammte aus Gloggnitz und war für mich geschlechtslos. Nicht deshalb weil sie in Diensten meines physischen Vaters stand, sondern weil ich keinerlei Beziehung zu ihr hatte. Ich kann nicht einmal beschreiben wie sie aussah oder wie alt sie war. Heute schätze ich ihr Alter von damals nicht über 30. Wien war halt eine andere Welt und nicht die meine. In meine Welt des Innviertels passte eine Bedienstete dieser Art nicht.

Eines Tages, Sonnenschein, warm, Deli der Kleine und ich waren wieder einmal im Volksgarten. Mein Hose war neu und zu groß, ich sollte erst hineinwachsen, dennoch fühlte ich mich beengt. Deli schob den Kinderwagen und ich durfte wieder einmal - nichts. Die Grünfläche betreten sowieso nicht, das war damals in Wien überhaupt verboten. Blätter abzupfen und damit Töne produzieren durfte ich auch nicht, nach singen war mir nicht zumute, Tauben oder Enten aufscheuchen durfte ich schon gar nicht. Freunde hatte ich keine und wenn, dann wären sie nicht in diesem langweiligen Park gewesen.

„lass das!" und „hör damit auf!" das Credo meiner Kindheit in Wien war allgegenwärtig und bestimmte auch diesen äusserst stupiden Sommertag.

Wir nahmen auf den weissen Gusseisernen zahlreich vorhandenen von der Sonne beschienenen Sesseln Platz. Deli las irgend ein Groschenheft das Kind schlief und ich fand es öde einfach nur ruhig dasitzen zu müssen. Auch das scharren kleiner Furchen mit den Füssen im Schotter schien sie zu stören, ausserdem waren meine Schuhe neu. Ich mochte die 'Alte' grad gar nicht leiden.

Ein Mann stellte sich vor uns, machte einen Schatten und ich konnte sein Gesicht nicht sehen. Er sprach Deli höflich lockend an, ob das hübsche Kind das ihre sei und ob ich ihr Sohn... sie war nicht interessiert, aber der Mann war hartnäckig. Er fing an sie auszufragen. Wo sie denn in Diensten sei wollte er wissen. Sie fragte ob amüsiert oder nicht, ob er denn bei der Polizei sei weil er solche Fragen stellte und er meinte zweideutig, dass das schon sein könne...

Er hätte doch von der Polizei sein können, dachte ich. Wieder fragte er nach ihrer Adresse. Ich fühlte mich bemüßigt vorlaut Name und Adresse zu nennen was mir ihrerseits einen heftigen Rempler in die Seite einbrachte. Wann sie denn frei habe, wollte er dann noch wissen. Wieder stieß sie mich

in die Seite. Diesmal vorher und sogar noch heftiger. Das machte mich wütend und ich sagte
„Mittwoch Nachmittag!"

Hastig stand sie auf, ließ den Kerl verdutzt stehen, schob den Kinderwagen so heftig an dass der Säugling zu plärren begann, zerrte mich hinter sich her und schimpfte dann fortwährend auf mich ein. Wie blöd ich sei und dass mein Vater recht habe mich einen Bastard zu nennen, ich sei sowieso nur ein undankbarer Untermensch ohne jeglichen Verstand und sie bereue sehr, dass sie mir bei den stinkenden Krautfleckerln geholfen hatte weil ich ihr erbarmt hatte. Nie wieder würde sie das tun. Meinen Einwand, dass man der Polizei die Wahrheit zu sagen hatte, ignorierte sie.

Mir fiel auf, dass sie nächsten Mittwoch das Haus nicht verließ und den folgenden auch nicht. Unser neutrales Verhältnis wurde eisiger. Obgleich sie mich nicht schikanierte. Sie ignorierte mich ganz einfach, aber sie war ja ohnehin keine Verbündete und es schmerzte nicht.

Bald hörte das hin und herpendeln zwischen Oberösterreich und Wien auf weil die neue Ehe des physischen Vaters erhebliche Verschleißspuren zeigte. Sie stritten immer häufiger und befetzten sich mit den übelsten Ausdrücken.

Oft schrieen sie sich, kurz bevor sie das Kinderzimmer betraten gegenseitig an. Nicht vergessen habe ich ihre häufigen Beteuerungen ‚ich hasse dich!' keine Ahnung was sie meinten, das Wort kannte ich damals nicht. Als ich während des Abendessens wieder einmal von ihm gerügt wurde und ‚ich hasse dich' zu ihm sagte, weil ich glaubte damit klar zu machen dass ich mit der Rüge nicht einverstanden war, musste ich ohne Essen zu Bett.

Ich schien immer mehr zum entbehrlichen Störfaktor zu werden und musste konsequenterweise nicht mehr nach Wien. Erst viele Jahre später habe ich den Namensgeber wiedergesehen, keinerlei Beziehung zu ihm gespürt, nicht nachgehakt und irgendwann verlor sich seine Spur in Süddeutschland. Er fehlte mir in der Kindheit als Figur, nicht als Person. Für beides schien er zu schwach. Was aus ihm geworden ist weiß ich nicht.

Damals beneidete ich Mitschüler deren Väter im Krieg gefallen waren. Sie hatten eine plausible Erklärung für deren Nichtvorhandensein. Trotzdem war zwischen ihnen und mir kein Unterschied. Meiner war auch nicht da, zumindest – sieht man von der Wienerzeit ab – nicht präsent, letztlich leider nicht gefallen und hat bei mir trotzdem keine Lücke hinterlassen.

Wäre er im Krieg irgendwo gestorben oder gefallen, dann hätte ich ihn zumindest lieben können.

Im Saustall

Weil er mir einige Tage lang zu seinem Spass den Hund nicht nachgehetzt hatte schien mir, dass Karli endlich aufgegeben hatte sich an meiner Angst vor dem großen Schäferhund zu erfreuen.

Als er mich von der Schule heimkommend fragte ob ich mit ihm etwas wichtiges im Schweinestall arbeiten wolle, was aber einen ganzen Kerl erfordere willigte ich ohne nachzudenken sofort ein. Vielleicht bedeutete diese meine Bereitschaft das Ende der Hundhetzereien.

„Annatantler, jetz konnst zoagn obsd an Schneid host! Traust di?" meinte er was soviel hieß wie 'jetzt kannst du zeigen was du draufhast'.

Richtig geheimnisvoll wurde dieses Angebot durch seine Ansage, dass ich mir für den Stall unbedingt lange Hosen anziehen sollte. Im Sommer lange Hosen tragen, das war schon eigentümlich. Jedes Jahr im Mai stieg ich in die Lederhose und Anfang Oktober wieder heraus. Manchmal behielt ich sie den Winter über an und trug die ungeliebten dicken Strümpfe dazu. Jetzt war Sommer. Ich besaß nur eine einzige lange Hose und die war irgendwo für den Winter verstaut, aber ich fand sie dennoch.

Um Fragen meiner Mutter zu umgehen kleidete ich mich heimlich um und ging zum Stall. Karli und einer der Knechte standen plaudernd davor. Sie hatten bereits die Schweine in den Nebenstall verfrachtet und offenbar hatten sie auf mich gewartet. Ob dieser unerwarteten Aufmerksamkeit war ich leicht irritiert.

Der alte Knecht hielt eine breite Schaufel in der Hand, warf seine Zigarette achtlos auf den Misthaufen und nickte Karli zu...

„Drück das Brett an die Türe, bleib stehen, egal was passiert!" mahnte der Knecht und zeigte mir meinen Platz an der Türe an dessen Unterseite ein Bogen ausgeschnitten war damit der Dreck ablaufen konnte oder für die Katzen damit sie ein und aus konnten, oder was weiss ich. Wir gingen zu dritt in den Stall und der Hund schnüffelte aufgeregt am Stallboden, beachtete mich überhaupt nicht.

Während Karli mit einem großen Brecheisen die schon morschen Bretter vom Boden riss stand ich mit wachsender Aufregung wie eine Statue an der Türe und drückte wie verlangt das Brett gegen die kleine Öffnung. Dann ging alles sehr schnell. Graue ziemlich große Ratten sprangen plötzlich aus den wegbrechenden Hölzern. Der Schäferhund biss wild um sich erlegte Ratte um Ratte. Der Hund war nun mein Verbündeter, interessierte sich nicht für mich. Nur die grauen Tiere mit den langen dicken Schwänzen hatten seine Aufmerksamkeit und die biss er pausenlos. Sie sprangen in wilder Panik die glatten Wände hinauf, landeten auf dem stinkenden morastigen Boden. Mindestens zwanzig oder dreißig hetzten wild durcheinander. Dazwischen der Knecht der mit der breiten Schaufel pausenlos auf die Ratten einschlug die der Hund nicht schon erledigt hatte. Manche sprangen sogar an mir hoch, stießen sich ab und tauchten wieder in das Gewühl von Blut wilder Panik. Ich spürte ihre Angst. Manche bissen sich an Karlis Kleidung fest, auch am Knecht dessen Gesichtsausdruck zwischen Ekel und Mordlust lag hingen panische Ratten.

„Bleib stehen!" schrie Karli einige male und ich tat es. Immer weniger der Ratten lebten noch. Der alte Knecht schlug sie ausnahmslos tot. Kein Zucken einer Ratte entging ihm.

Der Spuk hatte nur wenige Minuten gedauert und war mir dennoch wie eine Ewigkeit vorgekommen. Jetzt war es offensichtlich vorbei.

„Harter Bursch!" sagte Karli anerkennend fasste mir an die Schulter und schob mich aus dem Stall. Seine Hand stank, aber das Lob tat mir ungemein gut. Ich hatte wirklich keine Angst gehabt. Wahrscheinlich deshalb weil ich nicht wusste in welche Gefahr ich mich unwissend begeben hatte.

Ich sah ihnen zu wie sie den Matsch der toten Ratten mit der Mistgabel in eine Scheibtruhe bugsierten, hinter den Stall auf eine Haufen warfen und den kleinen grauen Berg aus toten Ratten mit Benzin übergossen.

Jetzt erst als der beissende Qualm meine Atemwege reizte schien ich aus diesem Alptraum zu erwachen. Ich sah an mir herunter, wusste dass ich nach Schweinestall stank und zuhause Probleme warteten. Meine einzige lange Hose war an vielen Stellen zerrissen, dunkles Blut der Ratten hatte sich mit dem Dreck des Stalls gemischt und war überall an mir.

Ich schlich nach Hause. Meine Mutter sah mich nicht, vermutlich hatte sie mich aber gerochen. Ich erinnere mich noch genau an ihr entsetztes Gesicht als sie mich gewahrte. Ein Spiegelbild ersparte sie mir. Ihr Gesicht sagte alles.

Eine halbe Stunde später stand ich nackt im Waschzuber und sie vollbrachte an mir eine mehrfache überaus gründliche vorgezogene Samstagswaschung. Das Wasser war sofort braun und sie tauschte es umgehend gegen frisches warmes. Das wiederholte sie bis ich wieder wie ein normaler zehnjähriger Junge aussah. Ich hatte keinen Kratzer abbekommen nur meine Hose überlebte den Tag nicht. Sie landete im Ofen. Ich versuchte eine schwache Erklärung für meinen Zustand zu liefern

„Ich wollte doch nur erreichen, dass Karli mir den Hund nicht mehr nachhetzt..." sie wiegelte ab als verscheuche sie Bilder aus ihrem Gedächtnis

„ich will nichts mehr darüber hören! Das war sehr dumm von dir!"

Mutters Vorwürfe und Schimpfereien habe ich vergessen. Seltsam, wenn ich zu recht geschimpft wurde – und das war oft – blieb mir der Wortlaut nicht in Erinnerung. Nur an die Schimpfereien die zu unrecht erfolgten kann ich mich erinnern, das war auch oft.

Das Spielzeug

Selten gab es für mich fertiges Spielzeug und wenn dann nur zu besonderen Anlässen wie Weihnachten oder Geburtstag. Es gab Blechspielzeug das heute – gäbe es das noch - bei Sammlern gute Preise erzielen würde. Aber das konnte damals noch keiner wissen. Mit fertigem Spielzeug meine ich sofort erkennbare Zuordnung. Ein Bagger ist ein Bagger, Ein Lastauto ist... und so weiter. Fertiges Spielzeug lässt keinen Raum für Fantasie. Es ist was es ist.

Was gab es an Fertigem? Natürlich Blechpanzer und Jeeps zum aufziehen. Das Prinzip war einfach ähnlich wie bei einem Feuerzeug. Innen wurde während er lief ein Feuerstein abgeschabt der wie bei einer Wunderkerze kleine Blitze spuckte.

Ein Matador blieb, außer während der Wienerzeit in der er mich nicht interessierte, stets ein unerfüllter Wunschtraum. Der Kran den ich Alberschwende gekauft hatte gab seinen Geist auf weil die immer schwerer werdenden Lasten bald die simple Mechanik überbeanspruchten und er zerbrach.

Eine Straßenbahn mit Anhänger zum aufziehen hatte ich zu einem meiner Geburtstage bekommen, aber die hielt auch nicht lange. Nachdem Gerhard der Nachbarjunge meinte die Feder sei kaputt fingen wir an das Ding zu reparieren, klappten es auf und bekamen es, als die Feder heraussprang, seltsamerweise nicht mehr zusammen. Dafür schnitten wir uns mit den scharfen Kanten des Blechs in die Finger.

Oft bauten wir uns daher Spielzeug selbst wie zum Beispiel eigene faustgrosse kleine Fuhrwerke die wir als Panzer bezeichneten mit denen man Rennen austragen und sogar Lasten ziehen konnten. Und so ging es:

Früher war Nähgarn auf festen unterschiedlich großen Holzspulen die man auf Nähmaschinen stecken konnte. Waren die Spulen leer landeten sie entweder als Brennstoff im Ofen oder bei uns Kindern zum spielen. Von einem alten Fahrradschlauch schnitten wir schmale Ringe herunter, sie dienten als 'Motor'. Durch die Spulenmitte, einem kleinen Loch wurde der Gummiring durchgezogen und mit einem Holzstück befestigt. Damit es nicht weiterrutschte ein kleiner Nagel oder Reißwecke zum blockieren eingeschlagen. Auf der anderen Seite diente entweder eine Strick- oder Häkelnadel als Aufziehschraube. Wenn sich der Gummi entdehnen wollte drückte die Stricknadel auf den Untergrund und das kleine Gefährt bewegte sich vorwärts. Um es schneller zu machen rieben wir die Seite mit der langen Nadel mit Wachs oder Seife ein. In die Spulenränder schnitten wir Kerben damit konnte der 'Panzer' sogar Steigungen im Sand oder auf Sofadecken überwinden.

Wir bauten als weiteres Beispiel kleine Kanonen. Dazu genügte ein kurzes fingerdickes Rohr, der Stössel war aus Holz geschnitzt dessen Ende durch ein Einweckgummi an das Rohr schnellte und vorne eine der Murmeln kraftvoll ausspuckte. Das klappte aber nie lange weil wir keine sichere Befestigung für das Rohr, das sich immer wieder verschob, entwickeln konnten.

Weniger Spielzeug waren unsere Steinschleudern mit denen wir allerhand Unfug trieben indem wir auf Vögel, Ratten und leere Flaschen schossen und nebenbei ohne Vorsatz manche Fensterscheibe zertrümmerten.

Wir schnitzten Flöten und Pfeifen aus Holunderästen die sogar funktionierten, zumindest eine zeitlang bis sie eingetrocknet waren. Bogen aus Haselsträuchern und die Pfeile aus Weiden bastelten wir uns mit denen wir auf selbst hergestellte Zielscheiben schossen.

Auch eine Art Tischfußballspiel entwickelten wir. Dazu brauchte man einen glatten Tisch oder eine Platte auf der Geldstücke leicht rutschen konnten. Eine große Münze war der Spieler eine kleine der Ball. Kopf oder Zahl, so wusste man immer wer dran war. Mit der Rückseite eines Kammes stieß man die größere Münze kurz an und versuchte die kleine, den Ball, damit am Gegner vorbei in das vorgemalte Tor zu bugsieren. Es war eine Mischung aus Billard mit Fußballregeln. Stundenlang konnten wir uns damit beschäftigen, vor allem bei schlechtem Wetter und es wurde nie langweilig.

Selbst Böller bauten wir unter Verwendung der damals noch üblichen großen dicken hohlen Schlüssel in die wir die Köpfe der Zündhölzer rieben. Danach wurde ein dicker langer Nagel in die Öffnung gestoßen. Das krachte manchmal recht ordentlich und gab jedesmal eine aufregend lange Stichflamme.

Dass damals nichts nennenswertes an Unglücken geschehen ist schreibe ich unserer Unschuld oder den Schutzengeln zu und manches ist gottlob wegen fehlender Utensilien nicht mehr reproduzierbar.

Rückschauend betrachtet würden heutige Erzieher ob unserer Tätigkeiten von einem Nervenzusammenbruch zum nächsten torkeln.

Schreibutensilien
und was sonst noch verschwunden ist.

Als ich Kind war ist mir natürlich nicht bewusst gewesen, dass mir vergönnt war bei vielen Kleinigkeiten einen Blick in längst vergangene Zeiten zu tun. Heute erst, wenn ich in meinen Erinnerungen krame wird mir dieses als Privileg bewusst.

Stetig wandeln sich die Zeiten, Veränderungen der Lebensräume durch Gebrauchsgegenstände erlebt man bewusst mit oder sie vollziehen sich am Rande der Wahrnehmung. Erst dann, wenn das eine oder andere aus dem Blickfeld geraten ist kommt es schon mal vor, dass man sich erinnert. Auch bei Schreib- und Büroutensilien ist z. B. ein bemerkenswerter Wandel eingetreten.

In Büros gab es Löschwalzen die über das frische Geschriebene gewiegt wurden. Das Prinzip war Löschpapier in mehreren Schichten das man je nach Tränkungsgrad abziehen konnte. Sie war unerlässliches Utensil jedes Schreibtisches.

Je nach Branche wurde für die wertige Post tiefroter Siegellack verwendet dessen Siegelmasse angezündet auf die spezielle rotweisse Paketschnur tropfte und noch weich mit einem Siegel versehen wurde.

Zumindest eine der genialen mechanischen Odhner oder Walther Rechenmaschinen gab es in den Büros um die Grundrechenarten noch effizienter nutzen zu können. Kohlepapier für die Durchschläge. Schwere Schreibmaschinen hielten Einzug in die Büros. Die Kritzelgeräusche der Federkiele wichen dem hämmernd mechanischen Stakkato der unterschiedlichsten Maschinentypen die unverwüstlich schienen.

In der Schule...
Löschpapier, wer kennt das noch? In jedem Schulheft Pflicht wegen der leicht produzierten Tintenkleckse. Tintenfässer waren in den Schulbänken versenkt und wurden durch den Pedell regelmäßig befüllt. Wir stellten damit etlichen Unsinn an der meist in einer saftigen Strafarbeit endete. Einen Füller, das modernste das es damals gab, hatten nur wenige. Er war teuer und für die meisten unerschwinglich. Wir kritzelten mit dem Federhalter für den es unterschiedliche Metallfedern gab. Es war ja noch gar nicht so lange her, dass die Menschen noch mit echten Federkielen geschrieben haben. Ein Füller hat keinerlei Ähnlichkeit mit einer Feder, dennoch wird sie heute noch Füllfeder genannt.

Kugelschreiber patzten leicht und waren bei den Lehrern verpönt. Der Kugelschreiber verhindere die Entwicklung des Schriftbildes wurde argumentiert und deshalb waren sie für Schüler zunächst eine zeitlang sogar verboten.

Wir lernten die Gotische Schrift zu lesen, kurrent zu schreiben damit wir eine Verbindung, oder zumindest Verständnis zu den älteren Menschen aufrecht erhalten, aber eher damit wir ihre Schriften entziffern konnten.

Viele Schreiben der Vorgenerationen waren noch mit einem sogenannten 'Entenblei' geschrieben worden der viele Jahre den einfachen Menschen als Schreibutensil diente. Eine typische Schreibbewegung bei Annatant war zum Beispiel, dass sie nach wenigen gekritzelten Worten die Spitze der wie ein Bleistift aussah kurz an der Zunge befeuchtete und dann weiterschrieb. Man konnte genau sehen wann der Entenblei mit der Zunge angefeuchtet worden war. Die ersten Buchstaben danach waren nämlich immer in sattem rostbraun aber die folgenden verblassten. Wurde das Geschriebene nachträglich feucht, dann wurde auch die blasse Schrift kräftiger, wirkte aber leicht verschmiert. Allmählich wurde der Entenblei durch Bleistifte unterschiedlicher Härten ersetzt. Irgendwann verschwand er ganz weil eine giftige Substanz darin gesundheitsschädlich gewesen sei. Ich konnte beobachten, dass manche Erwachsene die anfeuchtende Bewegung mit dem Entenblei automatisiert hatten und ganz normale Bleistifte weiterhin mit der Zunge befeuchteten. Es war ihnen gar nicht bewusst, dass dies keinerlei Sinn hatte.

In der ersten Klasse der Volksschule hatten wir noch ausnahmslos Schiefertafeln und ich weiß noch dass wir die Hefte die ab den weiteren Klassen benutzt werden sollten kaum erwarten konnten.
Für diese Hefte gab es in weiterer Folge sogenannte Zeilenspiegel die man unter das unlinierte Blatt legte damit die durchscheinenden Zeilen einigermassen gerade geschrieben werden konnten.

Nun ja, heute lernen die Kinder eher mit einem Computer umzugehen als eine Schiefertafel zu bekritzeln.
Die Frage nach dem was sinnvoller ist stellt sich nicht. Früher Keilschrift in Steine zu klopfen war zweifellos mühsamer als heute eine Tastatur zu betätigen. Wichtig bei allen Schreibutensilien ist, was durch sie entsteht.

Die Musketiere und die Heftchen

Na klar habe ich die drei Musketiere von Dumas gelesen und wusste dass die Geschichte in Frankreich handelte, war aber dennoch nicht bereit die vier Helden an Frankreich abzutreten. Ich war felsenfest davon überzeugt, dass sie Österreicher waren. Erst als ich älter wurde musste ich mit leichter Wehmut mein Wunschdenken korrigieren.

Die Musketiere erschienen mir wichtig und fanden doch keinerlei Erwähnung im Geschichtsunterricht. Lange habe ich nicht einordnen können, dass Romanfiguren die in einem Buch an Geschichte teilnehmen nicht treibende Kräfte der realen Geschichte sind. Athos, Porthos, Aramis und dann natürlich D'Artagnan, das waren eigentlich vier Musketiere, aber der Roman hieß 'die drei Musketiere' das allein war schon verwirrend genug.

Bereits damals als ich diesen Roman las habe ich mir die Frage gestellt warum Kardinäle (Richelieu, Mazarin) machthungrig sind, eigene Soldaten haben, pompös leben, Intrigen schmieden, Frauen schinden und das alles angeblich durch einem Gott ermächtigt der arm, nur mit einem Lendenschurz bekleidet an ein Kreuz genagelt jämmerlich verreckt ist. Diesen Widerspruch verstehe ich bis heute nicht, aber es war ja nur ein Roman.

Die Musketiere verkörperten was wir Buben gerne erlebt hätten. Die vier scherten sich nicht um kirchliche Autorität, waren ihrer Königin treu ergeben, rauften wann immer sich die Gelegenheit bot, hatten es lustig und wurden von den Frauen bewundert. Wenngleich wir manche Szenen aus dem Roman nicht konform wiedergaben so spielten wir sie mit Improvisation und Fantasie dennoch nach. Wir fochten mit Holzdegen und trugen bei manchem Gefecht harmlose Verletzungen davon, waren auch beleidigt oder gekränkt wenn man angeblich verloren hatte, aber der Ausruf 'Alle für Einen, Einer für Alle!' war stets gegenwärtig.

Die Illustrationen über diese Zeit waren spärlich bis gar nicht vorhanden daher war für die visuelle Interpretation der Figuren Fantasie gefragt. Wir stritten zum Beispiel über die Kopfbedeckung der Musketiere. Klaus meinte es sei ein Helm, Günther war überzeugt, dass es ein breitkrempiger Hut gewesen sei. Erwin bestand darauf dass sie Tücher trugen wie die Piraten. Auch das war Grund genug wieder ein Gefecht zu beginnen und die Holzstäbe klackerten eifrig aneinander.

Die Comics-Industrie bemächtigte sich irgendwann der Geschichten und so bekamen die Helden in ihren Abenteuern Gesichter und entsprechende Kleidung. Bilderheftchen nannte man das damals. Sie waren länglich wie ein dreimal gefaltetes DinA4-Blatt und hatten zwei oder mehrere bildhafte

Darstellungen nebeneinander und waren leicht zu transportieren. Es wurde untereinender getauscht und geliehen, Folgen waren nummeriert und das Angebot an dieser Art Literatur wurde stetig breiter.

Eine Zeitlang beherrschte uns das Thema der Musketiere bis es irgendwann durch ein anderes in den Hintergrund gedrängt wurde.

Bilderhefte gab es über Tarzan, David Crockett, Sigurd und so weiter. Scheinbar keiner der Helden aus der Literatur kam um diese Heftchen herum und wir lasen die Sprechblasen ohne den Inhalt zu hinterfragen. Mit dem wenig fundierten Hintergrundwissen über Literaturgrössen aus dieser sogenannten 'Schundliteratur' konnte man z. B. In der Schule keinen Blumentopf gewinnen, das merkte man bald. Unsere 'Erzieher' konnten mit dieser neuen Denkfreiheit wenig bis nichts anfangen. Für sie schien zu gelten. Was nicht im Lehrplan steht existiert nicht. So war es früher war konform und heute ist es auch noch so zumal diese Damen und Herren das Geistesgut des 12jährigen Reiches stur weiter verwalteten und es an ihre Nachfolger weitergegeben haben.

Der Widerspruch in sich war, dass Dumas Geschichte Literatur ist, aber gezeichnet und locker dargestellt der gleiche Stoff als minderwertig gilt. Ich will das nicht beurteilen das möge jeder für sich tun.

Ich sehnte mich nach den Landgasthäusern der Musketiere und sah nicht, dass ich in ähnlicher Umgebung lebte die gar nicht so weit von den bildhaften Darstellungen der Comics entfernt war. Zu leicht begibt man sich in eine Fantasiewelt und vergisst die wirkliche Schönheit seiner Umgebung zu würdigen.

Der Hasenbraten

Weil all meine Freunde Hasen in einem Stall hielten wünschte ich mir Hasen. Sie zu bekommen war – wenn man sich umhörte - kein großes Problem. Ich organisierte zunächst eine Kiste, montierte davor ein Maschengitter das man öffnen konnte, belegte den Boden mit Stroh und übernahm die beiden kleinen Häschen die mir mein Schulkamerad Adolf versprochen hatte. Wie man sie fütterte wusste ich vom zusehen und war doch etwas befremdet, dass sie ziemlich viel abkoteten was ziemlich beissend roch. Ich machte dennoch den Stall fast regelmäßig sauber und sah wie sie allmählich größer wurden. Man konnte genau genommen mit den Viechern nichts anfangen. Ließ ich sie in der Wiese frei hoppeln dann verkrochen sie sich irgendwo und ließen sich nur unter großem Aufwand wieder einfangen. So bestand mein Nahverhältnis zu ihnen zunächst lediglich darin sie zu füttern und hin und wieder den Hasenstall zu säubern. Eigentlich waren sie nur mühsam und ich verstand ihren Nutzen nicht.

Nun, der Zweck ihrer Anschaffung war, sie irgendwann, wenn sie groß genug waren, zu verspeisen. Mir gefiel es bald sie zu streicheln und zu beobachten. Ich mochte beide, den schwarz-weiß gescheckten wie den grauen Hasen die behäbiger werdend in ihrem Stall einer ungewissen Zukunft harrten. Selbst mein Stiefvater brachte ihnen manchmal Gemüsereste und so wurden sie nicht zuletzt deshalb zu einem entfernten Teil der Familie. Manchmal, besonders im Winter machte ich mir Gedanken um sie die vermutlich in ihrem Stall vor sich hinfroren. Sie deshalb mit in die Wohnung zu nehmen war keine Option. Meine Mutter schüttelte nur den Kopf als ich dieses Ansinnen stellte und versicherte mir, dass ihr Winterfell sie vor der Kälte schützte.

Lange Zeit habe ich ihre Bestimmung verdrängt und klammerte die Endgedanken aus. Als Franz, der im ersten Jahr Metzger lernte meinte, dass sie fett genug wären musste ich mich aber dem Unvermeidlichen stellen und stimmte – um mir keine Blöße als Weichling zu geben – zu sie von ihm schlachten zu lassen. Meine Mutter schien erleichtert damit einverstanden, weil sie es nicht tun musste und meinem Stiefvater war es ohnehin egal. Nicht wegen der Tiere, sondern weil er weder Geflügel noch Hasen aß. Er bezeichnete diese Art Fleisch immer als 'Bauernessen' und verweigerte lebenslang erfolgreich deren Verzehr. Seine Einstellung hatte nichts mit der Abwertung eines wichtigen Berufsstandes zu tun sondern eher mit seiner K&K-Erziehung seiner Heimat wo die Beschaffung von Nahrung und Gütern scheinbar Intelligenz voraussetzte. Kleinvieh gab es überall zuhauf. Um dieses auf den Tisch zu bringen bedurfte es wenig. Anderes Fleisch jedoch musste käuflich erworben werden, das setzte Geld voraus und dessen Besitz erreichte man mit Intelligenz.

Er hatte diese Ansicht sosehr verinnerlicht, dass er sich den Genuss aller Kleinvieharten ein Leben lang versagte.

Dann war es soweit. Franz schlachtete die beiden Hasen gnadenlos und ich sah mit Tränen in den Augen zu. Ich will nicht beschreiben wie das vor sich ging, es war ganz einfach nur brutal, denn er hatte damals scheinbar noch keine Ahnung wie man es richtig machte damit Tiere nicht litten.

Ich brachte die abgezogenen und ausgenommenen Hasen im Leinensack in den Franz sie gestopft hatte zu meiner Mutter und übergab ihn mit der überzeugenden Bemerkung, dass ich die Hasen ganz bestimmt nicht essen werde.

Dennoch bereitete sie die Tierchen zu und stellte den Hasenbraten samt Beilagen auf den gedeckten Tisch. Allein das anbrutzeln des Fleisches verursachte mir Übelkeit und schmerzte so als läge ich in der Kasserolle. Ich kämpfte mit den Tränen weil sie jetzt tot waren und ich habe zugesehen, ja zugelassen, dass sie nicht mehr lebten. Zu gerne hätte ich ungeschehen gemacht was mit ihnen passiert ist. Ich kam mir so schuldig vor.

Nie zuvor und auch später nicht habe ich eine verschwiegenere Runde gesehen wie an jenem Sonntag am Mittagstisch. Weder mein Stiefvater der sonst stets verbindliche Worte fand sagte irgendwas um die peinliche Stille zu überbrücken, noch fand die Mutter passende aufmunternde Worte zum Verzehr der Hasen. Wir aßen bedrückt die Beilagen, aber das Fleisch rührte niemand an. Bis heute weiß ich nicht wie ein Hase schmeckt und das wird sich wohl auch nicht ändern.

Weder vor diesem Tag noch nachher habe ich Hasen gegessen. Selbst bei der in Deutschland üblichen Bezeichnung für faschierten Braten den man gebietsweise auch 'falscher Hase' nennt überlegte ich immer kurz ob ich das essen soll und denke an den Leinensack den ich in die Wohnung gebracht habe.

Die Amis ziehen ab!

Truppenverschiebungen der Amerikaner kamen in Oberösterreich in den Jahren bis 1955 häufiger vor. Wir Kinder fanden es beeindruckend wenn sie in langen Kolonnen durch den Ort fuhren. Dunkelgrüne Panzer, Spähwagen, Jeeps, Mannschaftswagen, Kanonen der Artillerie die an riesigen Lastwägen hingen fuhren an uns vorbei. Schier endlos schienen die Fahrzeugschlangen zu sein. Wir gafften wie alle anderen auch und fanden es faszinierend wenn die Fahrzeugkolonne ins stocken geriet. So konnten wir ungeniert einen längeren Eindruck von den fremden Soldaten erhaschen. Die uniformierten Männer saßen souverän und lässig in ihren Fahrzeugen, reagierten auf unsere Zurufe mit gelegentlichem Augenzwinkern oder winkten uns zu. Mit baumelnden Kinnriemen an den lose aufgesetzten Helmen, kaugummikauend, die polierten Soldatenstiefel auf irgendwelche Teile gestützt und wie sie mit lässiger Haltung – manche von ihnen Schwarz - in den Fahrzeugen saßen vermittelte Sicherheit und Überlegenheit. Manchmal warfen sie Kaugummi zu uns herüber und es entwickelte sich unter uns Kindern bald ein Wettbewerb wer die meisten Kaugummis ergattern konnte. Man musste nicht mal was erbetteln oder bitten, sie warfen uns die 'Knackpolster' - wie wir die weißen mit Zuckerguss ummantelten Beißgummi nannten – Päckchenweise, meist ohne Aufforderung zu.

War die Kolonne weit auseinandergezogen entstand manchmal eine oder mehrere Lücken weil kein Fahrzeug erschien. Manche Ortsdurchfahrten kleiner Städte und Dörfer waren zu eng für die kolossähnlichen Kriegsmaschinen. Die Soldaten bugsierten die Gerätschaften vorsichtig hindurch und so entstanden in den Kolonnen immer wieder unterschiedlich große oder kleine Lücken in denen keine Fahrzeuge rollten. Das ermöglichte Bauern endlich mit ihren Pferdegespannen die Strasse zu queren.

Wir bildeten uns ein durch horchen auf dem Straßenbelag weitere Panzer oder sonstiges Gefährt voraussagen zu können und schlossen harmlose Wetten dafür ab. Es war natürlich Unsinn, keiner kannte auch nur annähernd irgendeine Zusammensetzung der Truppentransporte, aber so steigerten wir die Spannung bis zum nächsten Erscheinen von weiterem Kriegsgerät.

Die schweren Ketten der Panzer zermalmten unbarmherzig alles was auf der Strasse lag. Kieselsteine barsten zu Staub. So manchen kleinen Stein haben wir selbst hingelegt um dann fast ehrfürchtig gespannt dessen Pulverisierung zu beobachten. Die Metallketten hinterließen auf dem Asphalt tiefe Kratzspuren wenn zur Richtungsänderung eine der Ketten blockiert wurde. Für uns Kinder ein gewaltiges Schauspiel. Mir war nicht klar, dass diese Kriegsmaschinerie gesäubert und gewartet mir nur deshalb imponierte weil ich mir die verheerende Wirkung im Kampfeinsatz überhaupt nicht vorzustellen vermochte.

Eines Tages hörten man, dass die Amerikaner Österreich verlassen würden weil das Land nun frei sei. Im Oktober 1955 war es dann soweit. Bald sollte die letzte lange Kolonne mit amerikanischen Armeefahrzeugen aus dem Land rollen. Zum Glück hatten wir an diesem Tag schulfrei, standen wieder am Straßenrand sahen fasziniert zu wie Fahrzeug um Fahrzeug vorüber fuhr. Die Männer darin wirkten gleichgültig. Das war mein Eindruck oder ich bilde es mir nachträglich ein. Gelegentlich winkte einer und selten warf uns einer Kaugummi zu. Es schien mir anders als sonst zu sein. Die Amis wurden ins benachbarte Bayern verlegt.

Wir machten natürlich wieder unser Spiel indem wir bei einer vermeintlichen Lücke der Kolonne wieder an der Strasse horchten bis die nächsten Fahrzeuge kamen. Irgend ein Erwachsener raunte durch vermutlich zusammengepresste Zähne – so hörte es sich an

„Des war's dann mit dem Amigsindl!"

Die darauf folgende Szene werde ich nie vergessen. Der letzte Jeep war noch nicht ganz um die Kurve Richtung Marktplatz gefahren, da hing eben dieser Mann ein Plakat an einer verwitterten Holzwand mit Reißzwecken auf und strich es fast liebevoll glatt. Es war das Wahlwerbeplakat eines aus dem dritten Reich bekannten Kerls der nun grinsend für die ÖVP kandidierte.

In einem an den folgenden Tagen mitgehörten Erwachsenengespräch an dem auch mein Stiefvater teilnahm, erfuhr ich, dass dieser wahlwerbende Kandidat ein ehemals hochrangiger Waffen-SS Mann war der offenbar durch geschickte Interventionen von Kameraden, die man auch alte Seilschaften nennt, für unbedenklich erklärt wurde und sich somit zur Wahl stellen konnte. Ob der dann tatsächlich sein Ziel erreicht hat habe ich bis heute nicht erfahren, ist auch unwichtig, denn heute weiss man, dass auch in Österreich nur ganz wenige Verantwortliche für ihre Verbrechen die sie zur Nazizeit begangen hatten tatsächlich gesühnt haben. Wer es nicht wahrhaben möchte, dass es so war dem sei das informative Buch von Butterweck empfohlen, der ein Werk mit Informationen erstellt hat die jedem Interessenten jederzeit aus öffentlichen Niederschriften zugänglich gewesen sind.

In alle Parteien haben sie sich die alten Nazis verkrochen, manche haben in Schlangenlinien verschiedene Parteien für sich nutzbar zu machen versucht. In einigen gelang es ihnen besser in anderen ebenfalls, jedoch nicht weniger leicht.

So und ähnlich konnte die freche Lüge vom Überfall auf Österreich bis in die 90er Jahre des vorigen Jahrhunderts mit Billigung der Verantwortlichen Politiker aufrecht erhalten werden. Schuldig am festhalten dieser Infamie sind ausnahmslos alle österreichischen Politiker die bis dahin diese Lüge verteidigt und nichts zur Aufarbeitung der geschichtlichen Mitschuld und der Verantwortung Österreichs am vergangenen Weltkrieg beigetragen haben. Schande über sie und daher keine nachträglichen Ehrungen indem dreist Strassen, Plätze oder Gebäude gedankenlos mit ihren schlechten Namen verziert werden und damit ein sinnloses Denkmal gesetzt wird das ihre Kleinkariertheit, Dummheit und Unbelehrbarkeit unterstreicht.

   Mein Vorschlag währe ihnen die Taufe besonders widerlicher Mülldeponien oder verwesende Kloaken zu offerieren. Also nichts worauf auch ihre Nachkommen, die sich gerne im Ruhme der Alten sonnen mit Stolz verweisen könnten.

Rache für Tarzan

Unter anderen zahllosen Bilderheftchen unterschiedlicher Formate die man bei uns damals noch nicht Comics nannte, gab es auch die gezeichneten Abenteuer von Tarzan. Viele ausgeborgte Hefte über ihn, denen man ansah dass sie oft benutzt wurden, hatte ich gelesen, aber eines das mir gehörte besaß ich nicht.

Weil ich zum Semesterbeginn noch einige Schilling aus Vorarlberg hatte, eröffneten sich mir etliche Möglichkeiten einige meiner kleinen Sehnsüchte zu erfüllen. Darunter auch jene, endlich ein eigenes Tarzanheft zu besitzen. Ich wünschte mir sosehr dass mich Kameraden auch einmal fragten ob sie es ausborgen dürften, sodass ich schon im Vorhinein genoss wie es sich anfühlen würde das Tarzanheft zu verleihen. Vom Kegelgeld war ja noch etwas übrig und so kaufte ich knapp vor Schulbeginn in der Papierhandlung mein erstes eigenes. Welche Folge es war habe ich vergessen.

In der ersten Stunde hatten wir Religion und ich blätterte voller Vorfreude unter der Bank – heimlich, wie ich glaubte – im neuen Heftchen. Ich habe nicht gelesen, nur geschaut.

Warum Lehrer Argusaugen haben und scheinbar alles registrieren können was in der Klasse geschieht ist mir solange ich Schüler war ein Rätsel geblieben. Der Katechet war auch ein Meister seiner Zunft.

„Gib das her!" überraschte er mich und schon war mein neues Tarzanheft in seiner Hand zu einer Rolle gemacht. Er klopfte mir damit einige male heftig auf den Kopf und meinte, dass das erstens ein Schund sei und zweitens ganz sicher nicht in seinem Unterricht angesehen werden konnte.

„Du kannst diesen Schmutz nach der Stunde wieder haben" sagte er.

Das Heft lag die ganze Stunde über vorne am Katheder, manchmal blätterte er darin als sei er interessiert, schüttelte aber immer wieder missbilligend seinen schmalen Kopf. Ich versuchte Augenkontakt zu ihm zu halten, vielleicht gefiel es ihm ja doch, Jesus trug ja auch einen Lendenschurz... Er beachtete mich überhaupt nicht, ignorierte mich. Als die Stunde vorüber war bat ich ihn mir das Heft zurückzugeben wie er es bei der Wegnahme versprochen hatte und ich hatte keinen Zweifel, dass der Gottesmann zu seinem Wort stand.

Ich sah zu ihm auf. Der Allgewaltige sah zu mir herab, aber als ich das ernste Gesicht wahrnahm, hellblaue wässrige Augen, glatte rosige Wangen, schütteres Blondhaar, hatte ich plötzlich einen Verdacht der sich umgehend bewahrheiten sollte. Er schüttelte unerklärlich zornig den Kopf und zerriss das Heftchen mit einer Energie die ich als ungewöhnlich empfand und rief dabei

„Das ist Schund, blanker Schund! ein nackter Affenmensch unter wilden Tieren, das ist nichts für dich!" Er warf das zerfledderte Tarzanheft verächtlich dreinblickend in den Papierkorb und ließ mich stehen. Das Heft war nicht zu retten, wertlos, darum beließ ich es im Papierkorb. Wie unter Schock sah ich ihm nach und erinnere mich, dass seine Rückansicht mit dem bodenlangen schwarzen Kleid meine Zweifel an der Integrität lange Kleider tragender Männer genau in diesem Augenblick geboren wurden. Ohnmächtig vor Zorn und Enttäuschung trauerte ich Tage und Nächte um meinen so kurzen Besitz. Es war mir wichtig und ich war so wehrlos.

Nie wieder habe ich bei ihm gebeichtet und als er mich - bevor wir nach Deutschland umsiedelten - bei der Verabschiedung fragte warum ich nicht mehr zu ihm zur Beichte gekommen war habe ich mit Respekt und voller Überzeugung gesagt.

„Herr Katechet, sie haben mich belogen, ich habe das Tarzanheft nicht vergessen, sie vielleicht schon. Es war mein Eigentum! Sie haben es mir weggenommen, zerstört und damit mein Vertrauen in ihre Glaubwürdigkeit schwer beschädigt!" und dann habe ihn stehen gelassen wie er mich damals in der Klasse.

Das stimmt nicht, nichts habe ich gesagt! Ich wollte es genauso sagen, aber ich habe nicht. Das mit dem nicht mehr bei ihm beichten stimmt hingegen schon. Aber gefragt warum ich nicht mehr bei ihm gebeichtet habe... hat er nicht. Aber er hätte durchaus danach fragen können. Man ist als Schüler auf solche Eventualitäten vorbereitet und hat schuldbewusstes dreinschauen jederzeit abrufbar. Artig und angepasst habe ich mich verabschiedet und hätte die wegen der nicht absolvierten Beichten mit der ertappten Schüler eigenen Haltung perfekt eingesetzt. Wenn es nötig gewesen wäre.

Jahre später, bei einem meiner Besuche in Altheim, ich war 17 oder 18, traf ich den Katecheten wieder.

Als sei die Zeit stehen geblieben, wandelte er einsam sein Brevier lesend auf jenem Feldweg wie er es immer schon getan hatte. Ich erkannte ihn sofort. Seine dunkle Silhouette im bodenlangen Kleid vor dem dämmrigen Abend-himmel strahlte friedliche Ruhe aus. Die Luft war würzig ländlich und roch nach all dem das den typischen Geruch auf dem Land ausmacht wenn es im Sommer dem Abend zugeht.

Meine Rechnung mit ihm war nach wie vor unbeglichen. So stieg ich entschlossen vom Motorrad und störte von lange immer wieder neu keimenden Rachegedanken angefacht die abendliche Idylle.

Mit bewusst tiefgefärbtem Timbre in der Stimme die mein mittlerweile 'Erwachsensein' unterstreichen sollte sagte ich.

„Guten Abend Herr Katechet!" Ich hatte mich vor ihm aufgebaut, geplustert wie ein Gockel, sah mich in jenem Augenblick genauso und kam mir selbst plötzlich unsagbar lächerlich vor. Er war jetzt etwas kleiner als ich. Hatte er überhaupt einen Namen? Katechet war ein Titel, aber wie hieß er? Sein Name war mir entfallen. Sicher musste er einen Namen haben, als Priester war er nicht zur Welt gekommen.

„Grüss Gott" antwortete er freundlich und löste seinen Blick aus dem Gebetbuch.

Älter war er, das immer noch rosige Gesicht faltiger, die fahlen hellblonden Haare waren nunmehr ergraut, über die runde Kassenbrille sah er mich an. Betrachtete mich mit jenem einstudierten Interesse des Priesters, das den Gläubigen glauben lässt er sei wichtig. Er erkannte mich nicht, auch dann nicht als ich meinen Namen nannte. Meine Enttäuschung war unbeschreiblich. Er hatte mich vergessen!

Diese Erkenntnis traf mein 17jähriges ambivalentes Selbstbewusstsein und verunsicherte mich noch mehr. Ich stotterte verwirrt einige Namen aus meiner damaligen Klasse, als Erinnerungsbrücke sozusagen, aber er zuckte nur freundlich lächelnd mit den Schultern.

„Ich bedaure..." sagte er lächelnd.

Zugegeben, einem winzigen Augenblick hatte ich den Verdacht, dass er mich durchschaute und Angst vor meiner Rache hatte. So wie er vor mir stand, ein vom fortschreitenden Alter gezeichneter Mensch der mir den Eindruck machte sich bemüht erinnern zu wollen es aber nicht konnte, musste ich annehmen, dass er tatsächlich bedauerte mich nicht einordnen zu können. So gesehen war meine kurzzeitige Unterstellung unbegründet. Auch war er ein Mann Gottes, ein alter noch dazu, der sich damals *einmal* nicht richtig verhalten hatte. Ein Comicheftchen vernichtete, das ja wirklich nicht bildende Literatur war. So jemanden verhaute man nicht einfach, deswegen schon gar nicht und ein besonders auffälliger Schüler war ich ja nie. Es konnte also durchaus sein, dass er sich tatsächlich nicht erinnerte. Ich weiß nicht mehr ob ich über die Begegnung Bedauern empfand oder enttäuscht war. Vermutlich beides.

„Im Jugendheim... als es eröffnet wurde... habe ich.. der Bischof..." ich startete einen neuen Versuch, stammelte und sah, dass er keine Ahnung zu haben schien wer ich war. Wenigstens daran, an meine Sternstunde als zufälliger Komödiant hätte er sich erinnern können. Fehlanzeige!

„Schade" sagte ich „ich erinnere mich noch gut an Sie!" Und jetzt kam mir die Rache für das Tarzanheft absurd und überflüssig vor.

Jahrelang hatte ich mir ausgemalt wie ich ihn für den Vertrauensbruch mit dem Tarzanheft zur Rechenschaft ziehen würde und jetzt stand ich meines Zorns verlustig vor ihm, nickte ihm gequält lächelnd zu und... wollte nur noch weg!

„Der Herr sei mit dir!" rief er mir nach.

Mit besonders viel Gas brauste ich davon. Es kann auch der Fahrtwind gewesen sein der meine Augen tränen ließ als ich öfter das Nasse aus den Augenwinkeln wischen musste.

Der Abschied

Ein Tag im November 1957.
Vormittags hatten wir noch Schule. Ich glaube es war Dienstag. Nachmittags um drei Uhr war ich mit Schulkameraden in der Konditorei verabredet. Ich hatte sie eingeladen um meinen Abschied zu feiern, denn meine Eltern, das heißt meine Mutter und mein Stiefvater hatten nun endlich die ersehnten Unterlagen erhalten um umzusiedeln zu können. Nach Deutschland. Viele der durch die Kriegswirren zerstreuten Familien wollten damals dort hin. Alles sei dort besser, hörte man. Die Menschen, Arbeit, Wohnung, einfach alles. Als Dreizehnjähriger fand ich spannend was geschehen würde. Respektvoll wurde von Bekannten und Freunden die 'drüben' etwas geworden waren berichtet. In Briefen schrieben sie wie gut es ihnen gehe, dass sie ungleich mehr verdienten als in Österreich, eine schöne Wohnung hatten und sozial abgesichert seien. Es war wohl weniger die Leichtgläubigkeit die meine Eltern dazu bewog diesem Ruf zu folgen als vielmehr die berechtigte Annahme, dass es uns in Deutschland kaum schlechter als in Österreich gehen könne.

Noch saß ich allein in der Konditorei, war seltsam berührt weil noch keiner gekommen war und meine Enttäuschung wuchs mit jeder Minute die es nach drei Uhr wurde. Mein Stiefvater hatte mir großzügig 20 Schilling in die Hand gedrückt und ich war nun unsicher ob ich sie verbrauchen würde. Nach zehn Minuten kam der Erste und wenige Minuten später noch zwei meiner Klassenkameraden. Zehn hatte ich eingeladen, aber wir blieben zu viert. Meine Enttäuschung war groß und ich verbarg sie schlecht. Nun ja, ich war ein mittelmäßiger Schüler der selten auffiel. Bei mir abschreiben lohnte sich nicht im Gegenteil. Auch im Sport kam ich nicht über Mittelmaß hinaus. Zudem waren meine Eltern sogenannte 'Zugereiste' wie viele andere damals auch. Man riss sich also nicht sonderlich um meine Gesellschaft und so waren nur drei Schulkameraden gekommen.
Der Versuch wenigstens am letzten Tag irgendwie freundschaftliche Bande durch den besonderen Umstand meines Wegzuges nachzuholen scheiterte somit kläglich.
Die Konditorei in der ich Sonntags zwei Kugeln Eis für meinen Schilling kaufte – Im Winter war es die Schaumrolle zum selben Preis – roch immer aufregend nach Backstube, Rosenblüten und kaltem Rauch. Für die Klassenkameraden war es ein Tag wie jeder andere, aber für mich war er etwas Besonderes, denn ich war ja morgen um diese Zeit schon ganz wo anders. In diesen Augenblicken sehnte ich mich nach einem wirklichen Freund mit dem ich etwas zu bereden gehabt hätte und doch wieder nicht, denn es hätte einen schmerzlichen Abschied bedeutet. Aber es gab den Freund nicht. Bei

mir wollte keine sentimentale Stimmung aufkommen. Einesteils war ich froh, auf der anderen Seite ärgerte ich mich über mich selbst und die anderen. In diesen Momenten fragte ich mich warum es mir nie gelungen war eine Freundschaft aufzubauen. Ich sah sie heimlich an während sie belanglos daherplapperten und überlegte ob denn einer der Anwesenden überhaupt Interesse an mir gehabt hätte um eine sogenannte Freundschaft mit mir aufzubauen. Die erstrebenswerten Kinderfreundschaften aus den Kästnerbüchern schienen ein Maßstab zu sein dem die Wirklichkeit jedoch nicht gerecht wurde.

Sie unterhielten sich Kuchen schaufelnd über die Schule, die Lehrer und weil ich einige der letzteren überhaupt nicht mochte war ich doch irgendwie froh ihnen morgen nicht mehr begegnen zu müssen. So erhob ich für diesen Tag zu einer Bedeutung, damit er mir positiv in Erinnerung bleiben sollte. Die Hausaufgabe für nächsten Tag wurde besprochen und ich fühlte mich ausgeschlossen, aber auch hier war ich eigentlich froh sie nicht machen zu müssen. Nun war ich Außenstehender, gehörte nicht mehr dazu. Das war ziemlich bedrückend.

Ich warf eine Münze in die Musikbox und drückte mit geschlossenen Augen irgendeinen Buchstaben und eine Zahl. Es sollte die Melodie sein die mich später an den Abschiedstag mit meinen 'Freunden' erinnern sollte wenn ich sie andernorts hörte.

Harry Belafonte sang 'Coconut'. Ich habe es tatsächlich nicht vergessen, auch nicht die traurige Beklemmung die ich dabei empfunden habe obgleich es ein lustiges Lied ist. Trotz des infantilen Englischunterrichts in der Schule und daraus resultierend ein mangelhaftes Sprachbild, das bei versuchten Unterhaltungen mit Englischsprachigen Menschen zu kläglichem scheitern verurteilt war, war es mir durch eigene Recherchen in Zeitschriften gelungen den Inhalt zu verstehen. `'…you can cook it in a pot…' Meine Hoffnung die Klassenkameraden speicherten das Gefühl der endgültigen Trennung wie ich versank in der Warnung nicht zu heiß zu kochen. Wiesehr der Zufall der Wahl dieses Liedes meine Beziehung zu Österreich prägen würde habe ich Jahrzehnte später erst erfahren und erlebt.

Dass man eben diesen Harry Belafonte noch in den 80er Jahren im von Kreisky selbstherrlich regierten Land in der oberösterreichischen Landeshauptstadt Linz nach einem seiner Konzerte wegen seiner Hautfarbe den Zutritt zu einem Lokal verwehren würde ahnte ich damals nicht.

Einerseits war ich froh wegzugehen. Hauptsächlich wegen der Schule und einigen Lehrern. Als Sitzenbleiber in der neuen Klasse hatte ich zudem keinerlei Motivation es besser zu machen. Zum Anderen weil meine Familie zu den ärmeren Bewohnern der Marktgemeinde gehörten und in diesem Umfeld keine Möglichkeiten hatte wegen kaum vorhandener Verdienstmöglichkeiten einen sozialen Aufstieg zu erreichen. Nur herumgrundeln und von gelegentliche Brosamen leben war keine Option und bot auch keine Perspektive für uns Kinder. Es gab damals kaum Beschäftigung und deshalb tendierten die durch die Nachwirkungen des unseligen Krieges zugereisten Menschen zu anderen ferneren erfolgversprechenderen Zielen um für sich und ihre Familien bessere Lebensbedingungen zu erreichen. Dieser Ort im Innviertel konnte für sie nur eine Zwischenstation für einen Absprung gewesen sein.

Irgendwann löste sich die träg dahinplätschernde Gemeinschaft auf. Belanglos ohne Emotion, ein Abschied an den ich keine Erinnerung mehr habe außer, dass nichts besonderes vorgefallen ist.

Meine Vorfreude auf die kommende Reise und die zu erwartenden neuen Eindrücke in einem unbekannten Land ließ kaum Traurigkeit oder Bedauern über den schmucklosen Abschied aufkommen.

Ob meine gedämpfte Traurigkeit lange angehalten hat bezweifle ich, denn in unserer winzigen Wohnung wurde geschäftig eingepackt, aussortiert und die wenigen Habseligkeiten in Koffern und Kartons verstaut. Aufbruchstimmung, für Wehmut war daher keine Zeit. Zweckoptimismus übertünchte den Abgesang an die bisherigen tristen Lebensumstände. Schwermut über den Fortgang stellte sich erst ein als rundum mich völlig neue Eindrücke leichte Sehnsucht nach Vertrautem auslösten.